HOUGHTON MIFFLIN H

SENDEROS

Camino hacia el éxito

Libro de lecturas para escribir

Grado 6

Printed in the United States of America.

ISBN: 978-0-547-27754-7

23456789 - 0877 - 18 17 16 15 14 13 12 11

4500296708 A B C D E F

HOUGHTON MIFFLIN HARCOURT
School Publishers

Contents

Lección 1

VOCABULARIO CLAVE

irónico
presionar
revelar
revisión
silenciar

Un concurso de poesía

1 Mi escuela estaba organizando un concurso de poesía. El mejor poema de cada clase iba a ser publicado en el periódico escolar. No era obligatorio que todos los estudiantes presentaran un poema, pero mi amigo Emil me estaba **presionando** para que escribiera uno. Él sabía que a mí me encantaba la poesía.

Describe cómo te sentiste alguna vez en que alguien te haya presionado para que te esforzaras más en la escuela o en algún deporte.

2 Un requisito era que los autores del poema no **revelaran** su nombre hasta después de la votación. Todos los estudiantes de la clase debían votar. El director quería asegurarse de que votaran por los poemas mismos, sin dejarse influenciar por quién los había escrito.

Escribe un sinónimo de revelar.

3 Yo escribí un poema sobre una lluvia torrencial que había inundado el sótano de mi casa y había arruinado unas fotos de familia. Algunas partes del poema eran graciosas. Mis padres me dijeron que tenía un sentido del humor muy **irónico** para bromear sobre algo tan serio.

Describe otra situación en la que podrías decir algo irónico.

____

____

____

4 Trabajé mucho en mi poema e hice varias **revisiones**. Cambié alguna rima y la puntuación, hasta que me pareció que sonaba bien.

¿Qué tipo de revisiones podrías hacerle a un ensayo sobre tus escritores favoritos?

____

____

____

5 Antes de enviar el poema, lo volví a leer. Cuando mi padre entró en mi habitación, **silencié** mi voz para que no me oyera.

Recuerda alguna vez que hayas silenciado tu voz. ¿Por qué lo hiciste?

____

____

____

Canción para las ballenas

por Mia Lewis

Todos los años, en su viaje de seis mil millas desde el Mar de Bering hacia el sur, las ballenas se detenían en nuestra ensenada. Parecían desplazarse siempre muy lentamente, como si tuvieran todo el tiempo del mundo. Entraban en la ensenada que está junto a nuestro pueblo y allí se quedaban unos días. Se las podía ver sacudiendo la cola y salpicando, mientras miraban a los que estábamos en la playa.

Venía gente de muy lejos para ver a esas criaturas enormes y sorprendentes. Con los binoculares en la mano, los espectadores se paraban en la arena y las observaban desde allí. A las ballenas parecía gustarles la curiosidad que despertaban. Se zambullían y arrojaban chorros de agua, casi como si estuvieran actuando para nosotros. No entendía cómo podían sentirse tan cómodas con tanta gente mirándolas. A mí, de solo pensar en tener que actuar se me helaba la sangre.

Detente Piensa Escribe COMPRENDER A LOS PERSONAJES

¿Qué parecen poder hacer las ballenas que el narrador no puede?

Me encantaba quedarme en la ensenada, pero por lo general iba cuando no había nadie. La playa era un magnífico lugar para escribir mis canciones. Me sentaba sobre una roca con mi cuaderno, y anotaba las letras y las tonadas que me iban surgiendo. Creo que no habría podido escribir ni una palabra si hubiera pensado que alguien me estaba mirando. Pero como me sentaba solo junto al mar, podía escribir durante horas. Nadie me **presionaba** para que trabajara más rápido. Podía hacer tantas **revisiones** como quisiera antes de dar por terminada una canción.

Después de escribir las canciones, trataba de cantarlas. Era muy tímido para cantarlas ante otras personas, ¡pero las ballenas eran una audiencia excelente! Parecía que les gustaban mis canciones, y yo sabía que nunca **revelarían** mi secreto. No les había hablado de mis canciones ni a mi familia ni a mis amigos. Todavía no me sentía listo para dar a conocer mi música. Tampoco sabía si llegaría a estarlo algún día.

Detente Piensa Escribe

VOCABULARIO

Cuenta qué pasó alguna vez en que alguien haya querido que revelaras alguna información.

___

___

___

De momento, si veía a alguien cuando cantaba, enseguida **silenciaba** mi voz.

Un día, mientras caminaba hacia las rocas, divisé una figura extraña en el agua junto a la playa. ¡Era una ballena! Enseguida noté que estaba en peligro: no se zambullía, ni salpicaba, ni arrojaba chorros de agua como las demás. De hecho, no se movía en absoluto. Me di cuenta de que se había acercado demasiado a la playa y había quedado varada. Una ballena fuera del agua no era buena señal, porque las ballenas necesitan mantenerse húmedas. Sabía que yo no era lo suficientemente grande o fuerte para empujarla hacia aguas más profundas, pero de todos modos debía hacer algo. Así que me di media vuelta y regresé corriendo por la playa para buscar ayuda.

Entonces vi a mi hermana Rosa que venía hacia mí.

—¡Rosa! —grité desesperado—. Pronto, ve a casa y busca ayuda. ¡Una ballena ha quedado varada en la playa!

Rosa dudó un instante, luego se volvió y corrió hacia la casa. Yo me quedé cerca de la ballena, montando guardia.

Detente Piensa Escribe

VOCABULARIO

¿Por qué Tomás silenciaba su voz cuando veía a alguien?

____

____

____

Unos minutos más tarde, mamá y papá venían corriendo hacia donde yo estaba. Rosa los seguía un poco más atrás. Les mostré dónde estaba la ballena y todos nos dirigimos hacia allá. Aunque estaba varada, era evidente que la ballena aún vivía. Parecía mirarnos y el orificio de aire, en la parte de arriba de la cabeza, se movía cuando respiraba. Estar tan cerca de una criatura tan enorme y poderosa daba un poco de miedo, pero era también una experiencia increíble. Yo esperaba que pudiéramos ayudarla.

—Tenemos que hacerla volver al mar —dijo papá—. Tomás, tú y Rosa se encargarán de mantenerla húmeda, mientras nosotros vamos a pedir ayuda.

Rosa y yo nos metimos en el agua, junto a la ballena, y comenzamos a mojarla.

—¡Ojalá la marea se adelantara y llegara a tiempo! —dijo Rosa.

Yo también me sentía impaciente, pero sabía que la marea no se adelantaría por nada en el mundo.

—La marea no subirá hasta dentro de varias horas —le dije—. Lo único que nos queda es esperar.

Detente Piensa Escribe

COMPRENDER A LOS PERSONAJES

¿Cómo supo el narrador que la ballena estaba en peligro?

___

___

___

Me dolía ver a la ballena en ese estado. Aun cuando Rosa y yo seguíamos manteniéndola húmeda, la ballena estaba temblando de miedo. Yo no sabía qué más hacer para ayudarla. De pronto vi a las otras ballenas nadando en la ensenada. Verlas me hizo pensar en mis canciones y en cuánto parecían gustarles. Entonces se me ocurrió una idea.

—Le cantaré una canción —le dije a Rosa.

—¿Tú cantas? —preguntó Rosa, mirándome sorprendida.

Al principio bajé la voz y canté tan suavecito que apenas parecía emitir sonido alguno.

—Canta más fuerte, Tomás. Parece que se está tranquilizando —dijo Rosa.

Así que canté más fuerte. Era cierto que la ballena parecía más calmada. Ya no temblaba tanto y un sutil movimiento de la aleta de la cola me confirmó que aún vivía. Rosa y yo seguimos salpicándole agua mientras yo le cantaba mis canciones.

Detente **Piensa** **Escribe**

CONCLUSIONES Y GENERALIZACIONES

Las acciones de Tomás y de Rosa, ¿qué indican acerca de ellos?

____

____

____

Poco después oímos voces que llegaban hasta la playa. Eran mis padres, que volvían con tanta ayuda, que parecía que todo el pueblo hubiera querido venir a salvar a la ballena.

Seguí cantando mientras los demás ayudaban a mantenerla húmeda. Cada vez que empezaba a temblar, yo le cantaba más bajito para ayudarla a calmarse. No pensaba en los demás, ni siquiera los miraba. Solo pensaba en mantener a la ballena serena y viva hasta que lográramos hacerla regresar al mar.

¿Saben qué? Cuanto más cantaba, más tranquila parecía la ballena. Las otras ballenas de la ensenada parecían escuchar también. Nadaban y salpicaban agua como hacían siempre cuando yo cantaba. Pensé que quizás nos estuvieran viendo y esperando a que su amiga volviera a unírseles.

Detente **Piensa** **Escribe**

COMPRENDER A LOS PERSONAJES

¿Por qué Tomás no mira ni piensa en las personas que están a su alrededor?

____

____

____

Por fin la marea llegó a su punto más alto. El agua levantó de la arena a nuestra ballena y ella se esforzó por dirigirse hacia la ensenada. Di un suspiro de alivio al verla salir nadando, libre y a salvo.

Cuando se reunió con las otras ballenas, todos empezamos a aplaudir. Me tomó un instante darme cuenta de que la gente que me rodeaba no dejó de aplaudir cuando yo lo hice. Con sorpresa, descubrí que ahora me estaban aplaudiendo a mí.

—¿Cómo es que escribiste esas canciones tan bellas? —me preguntó mamá.

Cuando les conté que pasaba mucho tiempo solo en la playa, mi familia no podía creerlo.

—Sigue escribiendo esas canciones, Tomás —dijo mi papá con orgullo—. Pero no las cantes solo para salvar a las ballenas —añadió con una sonrisa **irónica**—. A nosotros también nos gusta oírlas.

—Trato hecho —respondí.

Siempre había pensado que compartir mis canciones me haría sentir incómodo, y sin embargo, me sentía bien. A decir verdad... ¡me sentía genial!

Detente Piensa Escribe

COMPRENDER A LOS PERSONAJES

¿Le gustan las canciones a la familia de Tomás? ¿Cómo lo sabes?

Vuelve a leer y responde

1 ¿Cómo se siente Tomás con respecto a compartir sus canciones al principio del relato?

Pista
Busca pistas en las páginas 4 y 5.

2 ¿Cómo cambia Tomás al final del cuento?

Pista
Busca pistas en las páginas 4, 5, 9 y 10.

3 ¿Por qué Tomás cambia de idea con respecto a cantar sus canciones delante de otras personas?

Pista
Busca pistas en la página 10.

4 ¿Por qué se sorprende Tomás cuando se da cuenta de que la gente lo está aplaudiendo a él?

Pista
Busca pistas en las páginas 5 y 10.

Lección 2

VOCABULARIO CLAVE

culpable
desalentar
milagroso
persecución
privar

Hacer de la vida un arte

Algunas personas escriben historias sobre su vida. Otras, hacen películas o sacan fotografías que documentan sucesos personales importantes. También hay quienes hacen esculturas o cuadros a partir de sus experiencias. Estas personas suelen dedicar su vida a la (1) ______________________ de una carrera en el arte.

Incluso las situaciones difíciles pueden ser materia de algo creativo. Supongamos que desaparece tu lápiz favorito. Piensas que alguien puede haberlo tomado y buscas al **2** ____________________. Esta situación te puede **3** ____________________.

También podría ser que hubieras puesto el lápiz donde no correspondía, o que alguien lo hubiese tomado sin darse cuenta. Aun así, podrías escribir una fascinante historia de detectives basándote en esa experiencia, o pintar un cuadro sobre ese tema.

No se debería **4** ____________________ a nadie de la posibilidad de expresarse creativamente. Cuando haces una película o una serie de fotografías sobre algo personal, los resultados pueden ser sorprendentes, ¡y hasta **5** ____________________!

La gran película del básquetbol

por Richard Stull

—¿Qué vamos a hacer, Eddie? —preguntó Kenny.

Kenny y yo estábamos en el Gimnasio Middletown, mirando cómo nuestros compañeros jugaban al básquetbol. Bueno… *trataban* de jugar. Porque ninguno de nosotros sabía realmente jugar al básquetbol. Es más, a ninguno de nosotros nos gustaba el básquetbol. Sin embargo, habíamos pasado dos días entrenándonos, tratando de no dejarnos **desalentar** y de convencernos de que sabíamos jugar. Pero ¿hasta dónde puede uno engañarse?

La locura empezó la semana pasada, cuando se anunciaron los partidos inter-clubes de Middletown. Era una tradición escolar que se llevaba a cabo todos los años. A cada club de actividades extracurriculares se le asignaba algún deporte que tenía que jugar contra otro club. Por lo general, el partido no era nada del otro mundo. A ninguno de los clubes le importaba mucho quién ganara. Aparecíamos para el partido, nos divertíamos un rato y después volvíamos a casa.

Detente Piensa Escribe

IDEA PRINCIPAL Y DETALLES

¿Qué tarea debes hacer que te puede desalentar? Explica tu respuesta.

Este año, en cambio, las cosas eran diferentes. El deporte asignado era el básquetbol. Nuestro club, el Club de Cine, debía jugar contra el Club de deportes de fantasía Los Increíbles. Allí es donde comenzó el problema. A nosotros solo nos interesaban las películas. No nos interesaba mucho el básquetbol. Los chicos del Club de desportes de fantasía eran distintos. Aun cuando no todos ellos jugaban al básquetbol, se tomaban los deportes en serio… *Muy* en serio.

Los chicos de Los Increíbles sabían mucho más sobre básquetbol de lo que nosotros podríamos llegar a saber jamás. Algunos de ellos también eran excelentes jugadores. Ellos sí que querían ganar el partido. Peor aún, esperaban que nosotros también fuéramos y jugáramos bien. Habían dejado bien en claro que considerarían poco menos que una traición cualquier cosa que no fuera un partido muy reñido. No tenían ninguna intención de que se los **privara** de una verdadera victoria.

Detente **Piensa** **Escribe**

IDEA PRINCIPAL Y DETALLES

¿Te parece que el partido entre los dos clubes será muy reñido? Menciona un detalle que apoye tu respuesta.

Dejé escapar un suspiro. Kenny y yo habíamos corrido al gimnasio para practicar con los demás. Y allí estábamos los cinco: Kenny, Ana, Jamal, Mai y yo, Eddie. En un momento, le lancé la pelota a Kenny.

—¿Por qué no tratas de driblar? —le dije.

Kenny empezó a hacer rebotar la pelota por todo el gimnasio. Mai se tapó la cara con las manos:

—¡No, Kenny! —le gritó— ¡Tienes que hacerla rebotar con una sola mano, no con las dos!

No había caso. No se podía negar. Solo un partido **milagroso** nos salvaría. Decidí que lo que necesitábamos era un plan creativo. ¡Ya mismo! Traté de inspirarme. Entonces empecé a pensar en el partido como una escena de una película que yo estuviera dirigiendo. Me pregunté cómo concebiría yo la escena.

Detente **Piensa** **Escribe**

PROPÓSITO DEL AUTOR

¿Por qué crees que el autor incluye la escena de Kenny driblando la pelota de básquetbol con las dos manos?

____

____

____

¡Click! En un segundo, se me ocurrió una idea. Transformaríamos nuestro patético intento de jugar un partido de básquetbol en un documental. Lo vi todo, de principio a fin. Sería la historia de cinco chicos comunes y corrientes cruelmente librados a su suerte en una cancha de básquetbol. ¡Sería un éxito total!

—¡Ei, todos! —los llamé—. Vengan. Se me ocurrió una idea genial.

Mis cuatro compañeros de equipo se acercaron y formamos un círculo. Mai observó que en realidad los jugadores de básquetbol no forman círculo, pero lo hicimos igual.

—Bien —dijo Kenny—. ¿Cuál es esa idea genial que hará de nosotros un equipo ganador?

—Ganador, no —aclaré enseguida—. Ni siquiera vamos a tratar de ganar. De hecho, lo que vamos a hacer es transformar nuestra derrota en un documental sobre el equipo perdedor, es decir: nosotros.

—¿Una película sobre perdedores? —preguntó Jamal—. ¡Qué buena idea!

Detente Piensa Escribe

ESTRUCTURA DEL CUENTO

¿Cuál es el plan de Eddie para ayudar a su equipo?

—¿No se enojarán los chicos del Club deportivo? —preguntó Mai—. Si ni siquiera lo intentamos, nos culparán de haberles robado su momento de gloria. No quiero que vean a nuestro equipo como el **culpable** de su decepción.

—Tal vez no les moleste —dije—. Después de todo, ellos también estarán en la película. Al menos de esa manera sacarán algo interesante del partido. Por supuesto, no creo que debamos decirles que estamos planeando perder.

—Es verdad, no mencionemos eso —asintió Kenny—. Solo preguntémosles si quieren aparecer en la película. Está en ellos aceptar o no.

Obviamente, Los Increíbles estuvieron encantados con la idea de participar en la película. Lo que imaginaron fue una saga llena de suspenso sobre un partido muy reñido entre dos equipos igualmente brillantes. En otras palabras: no sabían la verdad.

Detente Piensa Escribe

CAUSA Y EFECTO

¿Por qué Eddie y sus amigos no quieren decirles a los miembros del Club Los Increíbles que planean perder?

____

____

____

Me sentí mal por lo que estábamos haciendo. Pero me dije que una pequeña mentira a veces es necesaria en la **persecución** de una buena película. Así que Kenny cargó la cámara y todos nos pusimos a trabajar. Entrevistamos a los chicos del Club de deportes de fantasía. Ellos hablaron de lo entusiasmados que estaban con el evento en el que íbamos a participar. Luego nos entrevistamos entre nosotros. Hablamos sobre lo importante que sería perder para cada uno de nosotros.

El día del partido, el hermano de Kenny se ubicó a un lado de la cancha, con la cámara, para filmar el encuentro. Logró un montón de tomas geniales. Filmó a Kenny marcando un tanto con una sola mano en la cesta equivocada. También filmó a Jamal quitándole a Ana la pelota de las manos. Me parece que se había olvidado de que ella también jugaba en nuestro equipo.

No hace falta decir que Los Increíbles nos dieron una paliza. El conteo final fue 37 a 12. Después del partido, les aseguro que estaban realmente enojados. Sentían que los habíamos puesto en ridículo no habiéndonos tomado en serio el partido. La verdad es que no podíamos negar que algo de razón tenían.

Detente **Piensa** **Escribe**

VOCABULARIO

Cuando estás en la persecución de algo, ¿qué estás haciendo?

____

____

____

Unos días después, programamos la proyección de nuestra película. Por supuesto, los chicos de Los Increíbles estaban invitados.

Todo el mundo se quedó sentado en silencio mientras mirábamos la película. Tengo que admitir que me sorprendió el nivel de nuestro trabajo. La película era divertida, con muchas entrevistas falsamente "serias" a nuestros compañeros de equipo, en las que hablaban de lo importante que para nosotros era perder. Estas escenas alternaban con otras del partido y con entrevistas a Los Increíbles en las que hablaban sobre la importancia de ganar.

Con una música de fondo sencillamente genial y unos títulos de crédito muy divertidos, la película fue un verdadero éxito. Hasta los miembros del Club de deportes de fantasía Los Increíbles estuvieron de acuerdo.

—Hay que reconocerlo —dijo uno de ellos—. En básquetbol son un desastre, pero hacen buenas películas.

Los chicos de Los Increíbles se reunieron aparte y luego gritaron a coro:

—¡Un aplauso para los perdedores! —Y su grito me pareció música celestial.

Detente **Piensa** **Escribe**

PROPÓSITO DEL AUTOR

¿Por qué crees que el autor termina el texto haciendo que el club Los Increíbles aplauda a Eddie y sus amigos?

____

____

____

Vuelve a leer y responde

1. **¿Por qué piensas que el autor pudo haber escrito este cuento?**

Pista

¿Cuál es el mensaje de este cuento?

2. **¿Cómo describirías a Eddie?**

Pista

Encontrarás pistas en casi todas las páginas.

3. **¿Por qué los miembros del Club de deportes de fantasía Los Increíbles están enojados después del partido de básquetbol?**

Pista

Busca pistas en las páginas 15, 18 y 19.

4. **¿Te parece que el autor de *La gran película del básquetbol* aprueba el plan de Eddie? Explica tu respuesta.**

Pista

Busca pistas en las páginas 17 a 20.

Lección
3

VOCABULARIO CLAVE

conclusión
énfasis
manejar
con precisión
resolver

Escribir una redacción

El primer paso para escribir una buena redacción es planearla. Debes tener algo más que una vaga idea del tema. Debes determinar **con precisión** sobre qué, exactamente, será tu redacción. ¿Cuál será la idea principal de tu escrito? ¿Qué información específica te gustaría incluir?

Supongamos que quieres escribir sobre cómo **manejaste** una herramienta para hacer una figura de arcilla. Primero, debes organizar tus ideas. Piensa en qué detalles te gustaría incluir. Determina el orden en el que quisieras presentar la información. ¿A qué **conclusión** llegarás acerca del proceso de hacer una escultura de arcilla? Haz un borrador con notas sobre lo que escribirás y cómo organizarás la información.

Ese borrador te servirá para escribir tu redacción. Luego, cuando termines, deberás corregir lo que has escrito. ¿Tiene sentido lo que escribiste? ¿Sigue la información un orden lógico? ¿Podrías agregar o eliminar detalles? Si hay problemas de gramática o de ortografía, ese es el momento de **resolverlos**.

Échale un último vistazo a tu redacción. ¿Puedes afirmar con **énfasis** que tu texto cumple su cometido? Si es así, puedes darlo por terminado.

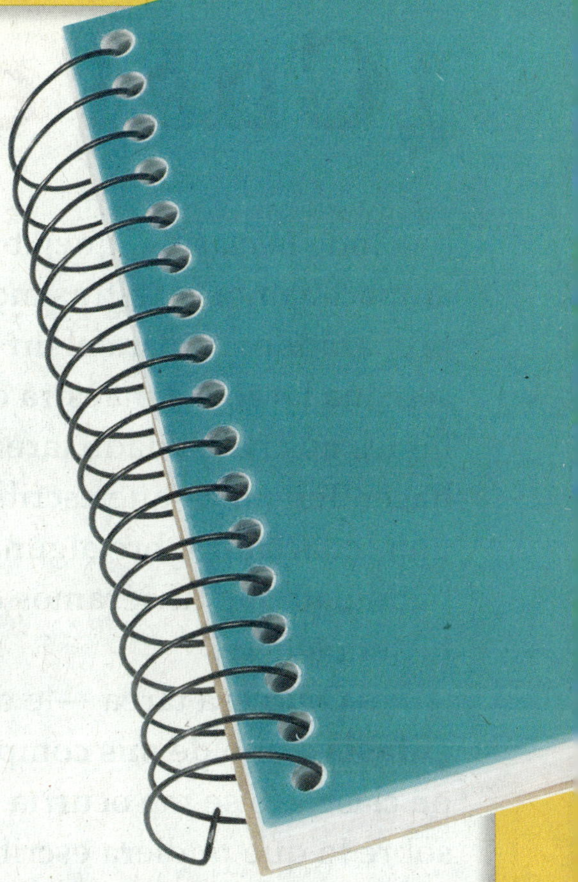

1. Antes de escribir una redacción, debes determinar ______________________ qué tema tratarás.

2. Cuando hablas con ______________________ sobre un tema, tus palabras tienen mucha fuerza.

3. La información que incluyas en tu redacción debe llevar a una ______________________, que deberá aparecer al final de tu escrito.

4. Cuando corrijas tu redacción, trata de ______________________ problemas tales como errores de gramática o de ortografía.

5. Escribe unas líneas sobre alguna ocasión en la que hayas **manejado** algo.

____

____

____

6. Escribe una expresión equivalente a **con precisión**.

____

¿Cuál es mi fuerte?

por Estelle Kleinman

Toda la clase se quejaba mientras empacábamos nuestras mochilas preparándonos para el fin de semana largo. La maestra de inglés nos había dado tarea para hacer. Teníamos que escribir una redacción sobre alguna habilidad que tuviéramos que nos hiciera felices.

—**Odio** esa tarea —le dije con **énfasis** a uno de mis compañeros de clase. No se me ocurría nada sobre lo que pudiera escribir.

En el camino a casa, volví a pensar en la redacción. Sabía que íbamos a tener que leerlas en voz alta. Así que pensé: "¿En qué soy lo suficientemente bueno como para poder escribirlo, leerlo en voz alta y que la clase entera no se parta de risa?"

Quizá podría escribir acerca de ser un genio de las matemáticas. Soy casi tan bueno como mi maestro para resolver problemas difíciles. También soy excelente en ortografía. Sin embargo, ninguna de esas dos habilidades me hacen lo suficientemente feliz como para escribir sobre ellas.

Detente **Piensa** **Escribe**

CARACTERÍSTICAS TEXTUALES Y GRÁFICAS

¿Por qué la autora puso la palabra "Odio" en negritas (es decir, en una tipografía gruesa y oscura)?

El domingo, todavía no sabía sobre qué iba a escribir. Mis padres y yo íbamos camino a una fiesta familiar y tenía muy pocas esperanzas de divertirme. La mayoría de los primos de mi edad no iban a ir, así que me preparé para aburrirme todo el día.

"Peor de lo que ya está todo, no va a estar", pensé.

La fiesta era en un parque grande. Una pequeña multitud se había reunido en un pabellón. Cuando alguien propuso que jugáramos un partido de algo, yo temblé: soy un tronco para los deportes. Me fui a un costado del grupo. Traté de hacerme invisible, pero no resultó: igual tuve que jugar.

Me escapé tan pronto como pude y empecé a buscar piedras para mi colección. Cuando me cansé, el Tío Charles y yo jugamos una partida de ajedrez. Eso me entretuvo un rato.

Detente **Piensa** **Escribe**

IDEA PRINCIPAL Y DETALLES

¿Por qué el narrador trata de esconderse cuando se están formando los equipos?

Todavía era temprano, así que empecé a ver si encontraba otros chicos con quienes jugar. Vi a dos niños con sus padres. Parecían de unos cincos y siete años. Es decir, demasiado pequeños para que me pusiera a jugar con ellos. Aun así, me acerqué a ellos. La nena de cinco años fue a pegarse a su mamá.

—Hola —dije—. Me llamo David. ¿Y ustedes?

Los niños se quedaron mirándome. Después la mamá dijo, con un fuerte acento extranjero:

—Él se llama Alexander y ella se llama Sonia.

Ahora entendía. Estos eran mis parientes recién llegados de Rusia. Los chicos no hablaban inglés y, claro está, yo tampoco hablaba ruso. No estaba seguro de cómo **resolver** el problema.

Entonces se me ocurrió una idea. La superficie de un estanque chispeaba a unos metros de nosotros. Así que le hice una seña a Alexander de que me siguiera hasta la orilla del agua.

Detente **Piensa** **Escribe**

VOCABULARIO

¿Cómo piensas que David podrá resolver el problema?

____

____

____

Tomé una piedra, apunté en ángulo y la arrojé al agua. **Manejé** la piedra de manera que, al caer, rebotara en la superficie. La piedra saltó tres veces y luego se hundió en el agua. ¡No estuvo nada mal!

Alexander se rió. Tomé otra piedra y se la di. Él la arrojó al agua tal como yo lo acababa de hacer. La piedra rebotó una vez. Él me miró, con una gran sonrisa. Para entonces Sonia ya se nos había unido.

—¡Ya sé! ¡Juguemos a las escondidas! —les dije. Por mis movimientos, ellos entendieron exactamente lo que íbamos a hacer. Así que me di cuenta de que ellos ya conocían el juego. Nos reímos mucho persiguiéndonos unos a otros.

Después del almuerzo, fui al auto a buscar papel de dibujo y lápices de colores. Les señalé a los chicos una mesa y ellos vinieron enseguida. Primero, dibujé en el papel una línea negra ondulante. Después, con un lápiz de color, terminé de dibujar una carita sonriente. La línea negra ondulante se transformó en la sonrisa.

Detente **Piensa** **Escribe**

CARACTERÍSTICAS TEXTUALES Y GRÁFICAS

¿Cuál es la función de las ilustraciones que aparecen en esta página?

____

____

____

Ahora les tocaba el turno a ellos. Saqué otras dos hojas de papel y dibujé dos líneas dentadas, una en cada hoja.

Les di los lapiceros de colores a Alexander y a Sonia. Los dos resultaron ser muy creativos, así que esos garabatos enseguida ¡se convirtieron en dibujos!

El rato se me pasó volando. Cuando me quise dar cuenta, la fiesta había terminado y todo el mundo estaba volviendo a su casa. Los padres de Sonia y Alexander vinieron a buscarlos, pero ellos, entre risitas, fingieron esconderse detrás de mí. Entonces la mamá me dijo:

—Estábamos tan preocupados de que Sonia y Alexander no tuvieran con quién jugar. Gracias por entretenerlos. Tienes un don natural para cuidar niños pequeños.

—Fue un placer —le dije—. Ellos también me hicieron la fiesta mucho más divertida.

Y era cierto. La verdad es que lo había pasado realmente bien.

Detente Piensa Escribe

INFERIR Y PREDECIR

¿Por qué la mamá de los niños le dice a David que tiene un don natural para cuidar niños pequeños?

En el camino de vuelta a casa, tuve una vaga idea de sobre qué podía escribir mi redacción. Escribiría sobre la fiesta. "¿Pero cómo voy a presentar el tema?", me pregunté.

"¿Tendría que hablar sobre el partido de fútbol?" Ahí sí que no demostré ninguna habilidad. Me caí dos veces y no marqué ni un gol. Decidí que cuanto menos dijera sobre el partido, mejor.

Pensé en escribir sobre la búsqueda de piedras para mi colección. Pero cuando pensé cómo presentaría este tema, ahí ya directamente oí a mis compañeros roncando.

"¿Qué más?" Ah, claro, podría escribir sobre la partida de ajedrez, pero con eso también se dormirían todos. De verdad, no quería ni pensar en la posibilidad de pasar por esa humillación.

Entonces pensé en Alexander y Sonia y qué feliz me había sentido jugando con ellos. Además, la mamá me había dicho que tenía un don natural. Nunca me había dado cuenta, pero ahora sabía **con precisión** sobre qué podía escribir: sobre el rato que había pasado con los chicos.

Detente Piensa Escribe

COMPARAR Y CONTRASTAR

¿En qué se diferencia la razón por la cual David no quiere escribir sobre el partido de fútbol de la razón por la cual no quiere escribir sobre la partida de ajedrez?

Entrada de diario: 26 de mayo

Hoy en la escuela me puse de pie y leí mi redacción ante toda la clase. Les conté cómo había resultado la fiesta, a pesar de haber estado seguro de que sería un aburrimiento total. Les conté cómo, en cambio, había pasado un día magnífico, gracias a Alexander y a Sonia.

Cuando volví a casa, les leí la redacción a mis padres. Cuando terminé, mi papá sonrió y me dijo que estaba orgulloso de mí. Me dijo que saber tratar a los niños era un don mucho más importante que ser el mejor jugador de fútbol.

No sé si su **conclusión** es cierta, pero sí sé que me hizo sentir bien. También sé que mi redacción no fue un desastre. ¿Quién sabe? Quizás sea bueno también en otras cosas que todavía no sé.

Detente **Piensa** **Escribe**

VOCABULARIO

¿A qué conclusión llega el padre de David?

Vuelve a leer y responde

1 En el cuento, algunas oraciones aparecen entre comillas. ¿Por qué aparecen así?

Pista
Busca pistas en las páginas 24, 25 y 29.

2 ¿Por qué decide David escribir su redacción sobre el rato que pasó con Sonia y Alexander?

Pista
Busca pistas en las páginas 24 y 29.

3 ¿Qué te indica que la última página es distinta del resto del cuento? ¿Por qué te parece que la autora habrá elegido presentarla así?

Pista
Mira la página 30. ¿Qué te indica el subtítulo sobre el texto que le sigue?

4 ¿Cuáles te parece que son los puntos más importantes que plantea la autora?

Pista
Busca pistas en la página 30.

Lección

4

VOCABULARIO CLAVE

agruparse
habituarse
persuadir
urgente
vacío

Historias por todos lados

Marca la respuesta.

1. Todo el mundo tiene una historia que contar, pero no siempre nos tomamos el tiempo para escucharla. Tal vez estés ________ a saludar a tus vecinos, pero ¿te has tomado el tiempo para llegar a conocerlos realmente?

   ☐ **agrupado** ☐ **empleado** ☐ **habituado**

2. Si tienes un __________ en tu día, puedes llenar el tiempo libre preguntándoles a tus vecinos acerca de ellos mismos.

   ☐ **vacío** ☐ **culpable** ☐ **persuadido**

3. Al principio, es probable que a algunas personas les dé pudor contarte su historia. Pero tal vez vayan sintiéndose más cómodas a medida que las vas conociendo. Una vez que se ha __________ a alguien a hablar de sí mismo, ¡por lo general, le gusta!

   ☐ **habituado** ☐ **persuadido** ☐ **agrupado**

4. Algunas personas tienen historias que quieren compartir. Alguien incluso podría tener la __________ necesidad de hablar acerca de alguna experiencia en particular, o sobre alguna persona que le cambió la vida.

   ☐ **urgente** ☐ **repugnante** ☐ **habituado**

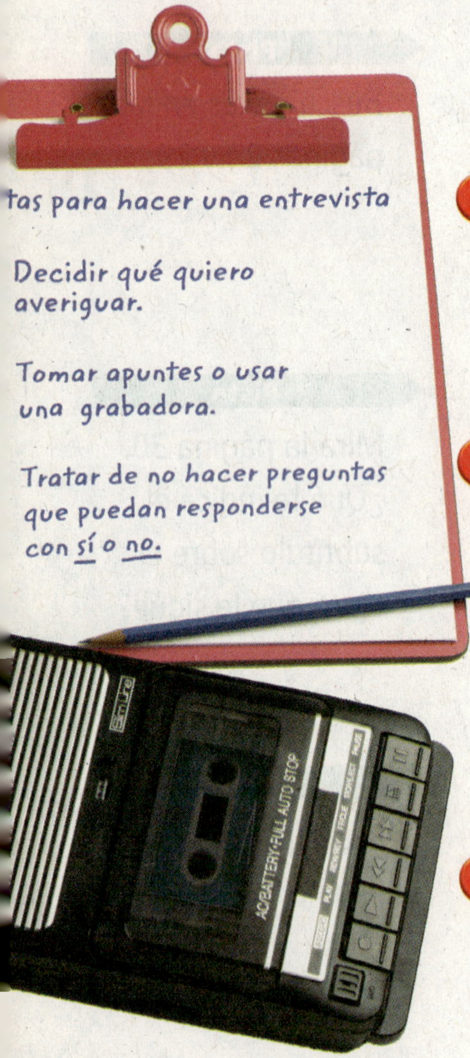

5 Una buena historia siempre atrae a una multitud. La gente puede ____________ alredeor de un buen contador de cuentos, hechizada por los sucesos que narra.

☐ **emplearse** ☐ **habituarse** ☐ **agruparse**

6 ¿Qué estás <u>habituado</u> a hacer durante tus vacaciones de verano?

____

____

____

7 ¿Cuál sería un pedido <u>urgente</u> que alguien podría hacer?

____

____

____

8 Da un ejemplo de objetos que podrían encontrarse <u>agrupados</u>.

____

____

____

En la Calle Duffield

por Claire Daniel

Darnell se sentó en la puerta de su casa. El barrio estaba tan silencioso como de costumbre. No se movía ni una hoja, ni un perro ladraba. Darnell dio un profundo suspiro. Era otro día aburrido en la Calle Duffield.

Para peor, como tarea, tenía que escribir una historia sobre su vecindario. ¿Qué podría escribir si allí nunca pasaba nada? Si al menos hubiera otros niños, Darnell tendría más sobre qué escribir, pero todos sus vecinos eran adultos. A Darnell no se le ocurría nada interesante acerca de ellos.

Se rascó la cabeza y **se persuadió** a trabajar, pero no se le ocurrió ninguna idea brillante. Miró la hoja de su cuaderno, más blanca que la nieve. Todavía no había escrito ni una palabra.

Por fin, Darnell apuntó el lápiz hacia la página vacía. Estaba bien, escribiría una historia. Escribiría una historia sobre la Calle Duffield. ¡Y sería tan aburrida que su maestro se dormiría antes de haber terminado la primera página!

Detente Piensa Escribe

ESTRUCTURA DEL CUENTO

¿Qué problema tiene Darnell?

____

____

____

Darnell vio a su vecino, el Sr. Angelo, que venía hacia él. Todos los días, de camino a su restaurante favorito, el Sr. Angelo se detenía y trataba de charlar con Darnell. El hombre siempre hablaba y hablaba. Darnell por lo general le decía que tenía algo **urgente** que hacer, porque no quería escucharlo.

—Hola, Darnell —le dijo el Sr. Angelo—. ¿Qué estás escribiendo?

—Una historia sobre el vecindario —contestó Darnell. Esperaba que el Sr. Angelo siguiera su camino, pero no fue así.

—Podría contar un millón de historias sobre esta sola cuadra —dijo el Sr. Angelo—. Mi favorita es sobre mis padres, después de casarse.

Darnell pensó: "Ahí va a empezar de nuevo". Pero no dijo nada.

—Mis padres habían nacido en Italia, pero se conocieron aquí, en los Estados Unidos —continuó el Sr. Angelo—. Después empezó la Segunda Guerra Mundial, y mi padre se incorporó al ejército. Mi madre se quedó completamente sola. Pero, por suerte, conoció a Pauline.

Detente **Piensa** **Escribe**

VOCABULARIO

¿Por qué Darnell siempre dice que tiene algo urgente que hacer cuando el Sr. Angelo trata de hablar con él?

____

____

____

—¿Pauline? ¿La señora que atendía el restaurante? —preguntó Darnell. Pauline había estado en la cuadra desde que él tenía memoria. La señora de cabello gris que solía estar a cargo del restaurante se había jubilado hacía apenas un año. Ahora era su hijo el que atendía el *Café Pauline*.

El Sr. Angelo asintió y dijo:

—Sí, solo que Pauline no estaba aquí cuando Mamá y Papá llegaron a esta cuadra. Cuando Papá se fue, Mamá empezó a sentirse muy mal. Sentía un **vacío** en su vida. Estaba **habituada** a la familia numerosa que tenía en Italia y ahora estaba sola, con un niño pequeño que cuidar.

—¿El niño era usted? —preguntó Darnell.

—Sí. Pauline vio lo triste que estaba mi madre —continuó el Sr. Angelo—. Las dos se hicieron inseparables. Entonces a Pauline se le ocurrió un plan que les cambió la vida a las dos.

Detente **Piensa** **Escribe**

ESTRUCTURA DEL CUENTO

¿Cuál era el problema de la madre del Sr. Angelo?

____

____

____

—¿Cuál era el plan? —preguntó Darnell inclinándose un poco, como para oír mejor. No lo podía creer, pero la historia de Angelo ¡era realmente interesante!

El Sr. Angelo dijo:

—Pauline le propuso la idea de abrir un restaurante. Ella era muy buena cocinera. Mi madre también. Así que decidieron abrir un negocio en el que prepararían grandes comidas familiares para todo el vecindario.

—¿Dónde estaba el restaurante? —preguntó Darnell.

—Al principio, pusieron mesas en la sala de la casa de Pauline —dijo el Sr. Angelo—. Pero al poco tiempo el lugar se les hizo pequeño y decidieron alquilar un local al final de esta calle. Creo que sabes dónde está el restaurante.

—¿El lugar donde está ahora el *Café Pauline*? —preguntó Darnell—. Allí es donde usted almuerza todos los días, ¿no?

—¡Así es! —dijo el Sr. Angelo, asintiendo con la cabeza—. El día mismo de la inauguración, mucha gente fue a comer allí. El local se llenó de comensales. En suma, el plan de Pauline resultó todo un éxito.

Detente Piensa Escribe

ESTRUCTURA DEL CUENTO

¿De qué forma podría resolver el plan de Pauline el problema que tiene la madre del Sr. Angelo?

____

____

____

—¿Entonces? ¿Qué pasó? —preguntó Darnell.

—Bueno —dijo el Sr. Angelo—, Mamá siempre cantaba mientras trabajaba. Tenía una voz muy bonita. Un día, Pauline le pidió que cantara para los clientes. Mamá escogió unas canciones y contrataron a un pianista. Mi mamá se transformó en un éxito. La gente empezó a venir al restaurante tanto para comer bien como para oír cantar a Mamá. A veces, el restaurante estaba tan lleno que la gente **agrupaba** en la puerta para escucharla cantar.

—Su mamá debe de haber sido una cantante muy buena —dijo Darnell.

—Oh, sí —dijo el Sr. Angelo con orgullo.

—¿Y su mamá ya no estaba triste porque su papá se había ido? —preguntó Darnell.

—Estaba un poco triste —respondió el Sr. Angelo—. Yo era muy pequeño, pero recuerdo que ella estaba todo el tiempo ocupada. Tal vez no tuviera ni tiempo de sentirse demasiado sola.

Detente **Piensa** **Escribe**

VOCABULARIO

¿Por qué se agrupaba la gente en la puerta del restaurante?

El Sr. Angelo continuó:

—A Mamá le encantaba cantar y le encantaba preparar esas grandes comidas, porque era como cocinar para la familia que había dejado en Italia. La gente de este vecindario fue como una nueva familia para ella. Luego, cuando mi padre regresó, mi madre le tenía una gran sorpresa. Ella había ganado mucho dinero con el restaurante. Así que ella y Papá tenían suficiente para comprar un apartamento justo en esta cuadra.

—¿El apartamento donde usted vive ahora? —preguntó Darnell.

—¡Precisamente! —dijo el Sr. Angelo—. Mi madre trabajó con Pauline por muchos años. Me gusta ir a comer allí porque es como comer la comida que cocinaba ella.

—Sr. Angelo, es una historia magnífica —dijo Darnell—. ¿Cómo es que nunca me la había contado?

Darnell sintió que se iba poniendo colorado. Él sabía la respuesta a esa pregunta. Había oído hablar al Sr. Angelo antes, pero nunca había escuchado realmente lo que tenía que decir.

Detente **Piensa** **Escribe**

INFERIR Y PREDECIR

¿Por qué siente Darnell que se va poniendo colorado?

____

____

____

El Sr. Angelo sonrió y le dijo:

—Cuando quieras una historia, ya sabes dónde encontrarla. Con gusto te contaré todo lo que quieras saber.

El Sr. Angelo continuó su camino hacia el *Café Pauline*. Cuando se fue, Darnell se sentó y empezó a escribir. El lápiz se deslizaba rápido sobre el papel. Cuando terminó, tuvo una idea. ¡Tal vez podría hablar con Pauline! Seguramente ella tendría cosas que agregar a la historia.

Ahora Darnell veía su cuadra con otros ojos. De pronto, la Calle Duffield parecía mucho más interesante. También el Sr. Angelo. Y por lo que él sabía, sus otros vecinos sabían otras historias como la que el Sr. Angelo le acababa de contar. Lo único que tenía que hacer era preguntar y después escuchar lo que la gente quisiera contarle.

Detente **Piensa** **Escribe**

ESTRUCTURA DEL CUENTO

¿Por qué piensa Darnell que la Calle Duffield es más interesante ahora?

____

____

____

Vuelve a leer y responde

1 *En la Calle Duffield* cuenta un cuento dentro del cuento. ¿Cuáles son los dos cuentos?

Pista
Piensa en la situación de Darnell. Piensa en qué le cuenta el Sr. Angelo a Darnell.

2 ¿Cuáles son los personajes principales de la historia que cuenta el Sr. Angelo?

Pista
Busca pistas en las páginas 36 y 37.

3 ¿Por qué al principio del cuento Darnell no quiere escuchar al Sr. Angelo?

Pista
Busca pistas en la página 35.

4 ¿Cómo cambia Darnell entre el principio y el final del cuento?

Pista
Busca pistas en las páginas 34 y 40.

Lección

5

VOCABULARIO CLAVE

aspecto
mérito
tendencia
tensión
verdaderamente

Ser comediante

Si estás pensando en ser comediante, debes considerar varias cosas. Contar chistes graciosos es solo un **1** ______________________ de este trabajo. Presentar bien tu material es otro factor importante. ¡Igual que hacerse un público!

Ser **2** ______________________ cómico es un don. Ser comediante no es fácil si ser gracioso no es algo natural para ti. El humor no es algo que se pueda aprender, como la ortografía.

Muchos comediantes toman o adaptan ideas de comediantes del pasado. No hay nada malo en ello. Por lo general, los comediantes reconocen el **3** ____________________ de las personas cuyo trabajo ha influido en ellos.

Cuando un chiste no hace gracia, es importante poder reaccionar enseguida. Incluso si el comediante siente mucha **4** ____________________, debe tratar de que no se le note. A veces basta con decir, simplemente, algo como "Caramba, ¡no sé cómo pensé que iba a hacer pasar un chiste tan malo!".

Pero recuerda esto: El público que va a ver a un comediante tiene **5** ____________________ a reírse. La audiencia quiere divertirse. ¡No es tu enemiga!

El comediante

por D. J. Ortiz

—¿Saben lo que le dijo el dinosaurio al pollo? —preguntó Emilio.

Los niñitos que lo rodeaban parecían intimidados. Se los veía incómodos. Estaban callados como piedras. Yo sentía la **tensión** en el aire. Soy la hermana de Emilio y sé que él quiere ser comediante.

—¡A ver, vamos, traten de adivinar! —suplicó.

—¿Qué dijo el dinosaurio? —preguntó una niñita.

—Qué buena cena pareces —dijo Emilio. Después se rió.

Los tres niños se quedaron mirándolo. Luego empezaron a irse hacia otras partes del parque.

—¿Dije algo malo? —me preguntó Emilio.

Miré su atuendo. Tenía el pelo cubierto con una peluca negra y llevaba un bigote, un traje enorme y corbata.

—Creo que puedo contestar tu pregunta —le respondí.

Detente **Piensa** **Escribe**

RESUMIR

¿Cuál es el problema de Emilio?

___

___

___

—¿Y bien? —dijo Emilio.

—¿De verdad quieres ser comediante?

—Sabes que sí. Lástima que ni siquiera puedo hacer reír a unos niños de segundo grado. Así que, ya ves, como carrera, esto huele peor que un congreso de zorrinos —dijo Emilio.

—No es para tanto —le dije—. Podría darte algunas ideas, si es que quieres oírlas.

—Te estoy escuchando, con mis dos ojeras.

—Tú no tienes ojeras —dije.

—Ja, ja —rió Emilio—. Quise decir con mis dos "orejas".

—Ya, para —le dije—. Tienes esa **tendencia** a reírte de tus propios chistes. Regla número uno: no te rías de tus propios chistes.

—¿Por qué? —preguntó Emilio, sorprendido.

—Si el chiste tiene gracia, ya se reirán los demás. Nadie va a reírse solo porque tú lo hagas.

Detente Piensa Escribe

VOCABULARIO

¿Cuál es la tendencia de Emilio después de contar un chiste?

—Está bien —dijo Emilio—. Esa es la regla número uno. ¿Cuál es la número dos?

Con toda la paciencia que pude, contesté:

—Tienes que empezar por lo más básico. Tienes que conseguir tu propio material. Piensa en un tema o una historia, y úsalo para encadenar varios chistes.

—¿Qué tipo de tema? —me preguntó.

—No sé, piensa en algo —contesté. Le sugerí que eligiera algo común, cotidiano, como los árboles, los animales... —. Lo importante es que pienses en algo con lo que todo el mundo pueda identificarse.

Emilio parecía estar escuchándome. Luego se marchó a trabajar. Al día siguiente ya tenía listo su nuevo número.

—Vas a ver, esto sí que te hará reír a carcajadas —me dijo.

Detente Piensa Escribe

CAUSA Y EFECTO

¿Por qué es importante para un comediante pensar en cosas con las que la gente pueda identificarse con facilidad?

Esperé con paciencia. Estaba dispuesta a reconocer el **mérito** de su nuevo material.

—¿Sabes en qué se diferencia una pulga de un ladrón? En que la pulga *salta* y el ladrón *asalta*. ¿Y a que no sabes cuál es el árbol que más asusta? ¡El bam*búúúú*! ¿Y el último pez? ¿A que no sabes cuál es? ¡El del*fín*!

Me quedé ahí sentada sin la más leve sombra de una sonrisa en la cara. No podía fingir que sus chistes eran buenos. Más bien, me sentía casi enojada.

—Creo que son los peores chistes que he oído en mi vida —le dije—. ¿De verdad los inventaste tú?

—Hice lo que me dijiste —contestó Emilio—. Busqué en Internet y encontré estos chistes sobre árboles y animales... Tú dijiste que debía buscar esos temas.

—Los mejores comediantes no cuentan chistes de otros —le dije—. ¡Los inventan ellos mismos!

Detente **Piensa** **Escribe**

HECHO Y OPINIÓN

La hermana de Emilio dice: "Los mejores comediantes no cuentan chistes de otros". ¿Es esto un hecho o una opinión? Explica tu respuesta.

—Mira, déjalo ya, no importa —dijo Emilio—. Nunca seré un buen comediante. Nunca fui bueno jugando al fútbol. Escribo con faltas de ortografía. Confesémoslo: soy la peor carta del mazo.

—Eso no es cierto —le dije, palmeándole la espalda—. Ya verás que tendrás éxito. De aquí a que yo me canse, ya verás que llegas a ser un buen comediante. Harás partirse de risa a la gente.

Emilio parecía desanimado, así que yo agregué:

—Lo que debes hacer es buscar chistes acerca de algún **aspecto** de tu propia vida. Podrías hablar de la escuela o de unas vacaciones en familia. O podrías hablar de personas que conoces. Piensa en tus comediantes favoritos. Todos hacen chistes sobre personas que conocen realmente.

—Está bien, está bien —dijo Emilio con más entusiasmo—. No faltan materiales en mi vida. Si es por materiales, tengo más que un edificio en construcción.

—Eres más gracioso cuando no te empeñas tanto —le dije—. Ponte y escribe, hermano.

Y para mi sorpresa, eso fue lo que hizo.

Detente **Piensa** **Escribe**

VOCABULARIO

¿Sobre qué aspecto de su vida podría escribir Emilio?

____

____

____

Unos días después, Emilio ya tenía preparado otro número y quiso probar sus nuevos chistes conmigo. Tal vez no me haya reído, pero recuerdo que al menos sonreí.

—No está mal —le dije—. Tienes unos días para practicar hasta el domingo, que es mi fiesta de cumpleaños.

—¿Te parece que ya estoy listo para eso? —me preguntó.

—La pregunta sería si estamos listos nosotros —le dije.

El domingo vino todo el mundo: tíos, tías, abuelos, primos... Después de cenar, anuncié:

—Ahora quiero presentarles a... ¡Emilio, el Chistoso!

La familia aplaudió cortésmente. Emilio carraspeó:

—He decidido ser comediante —dijo— porque no soy muy bueno para otras cosas. Me va muy mal en la escuela. Realmente me alegró mucho ver que en la última libreta mis calificaciones eran muy malas.

—¿Y por qué te alegró? —pregunté.

—Porque al menos Papá y Mamá sabrían que era mía —dijo Emilio. Papá dejó escapar una carcajada y oí que alguien más se rió.

Detente Piensa Escribe

INFERIR Y PREDECIR

¿Por qué la familia aplaude cortésmente cuando la hermana presenta a Emilio?

____

____

____

Emilio continuó:

—Mis padres piensan que yo debería ser como los otros miembros de la familia —continuó Emilio—. Pero yo no estoy tan seguro. Miren al Tío Luis. Prepara esos pepinos magníficos. A todo el mundo le encantan. ¿Y? ¿A quién le importa un pepino? —Tío Luis soltó una risotada. Todos se rieron.

—Ese sí que fue bueno —dijo Mamá.

—De verdad hubiera querido ser bueno en ortografía —continuó Emilio—. Lo intenté todo. Escribía cada palabra cien veces. Las cantaba en la ducha. Al final, hasta me tragué un diccionario.

—¿Qué tal estaba? —preguntó Tío Luis.

—Un poco seco, pero instructivo. Mi hermana no se cansaba de preguntarme si me había servido, pero yo no le contestaba. No logró sacarme ni una palabra.

La familia estaba **verdaderamente** impresionada. Todo el mundo aplaudía y reía. Tal vez había esperanzas para mi hermano, después de todo.

Detente **Piensa** **Escribe**

ESTRUCTURA DEL CUENTO

¿Por qué la familia se sorprende al ver la actuación de Emilio?

____

____

____

Vuelve a leer y responde

1 ¿Quiénes son el primer público de Emilio en el cuento?

Pista
Busca pistas en la página 44.

2 Cuando la hermana de Emilio dice: “Eres más gracioso cuando no te empeñas tanto”, ¿está planteando un hecho o una opinión? ¿Cómo lo sabes?

Pista
Recuerda, una opinión es algo que alguien piensa o cree.

3 ¿Cómo cambia Emilio a lo largo del cuento?

Pista
Encontrarás pistas en todas las páginas.

4 ¿Cómo reacciona la gente a los chistes que cuenta Emilio al principio del cuento? ¿Cómo reaccionan a sus chistes al final?

Pista
Busca pistas en las páginas 44 y 50.

Lección 6

✓ VOCABULARIO CLAVE

enfrentamiento
estilo
fenomenal
fundamental
rezagarse

Los primeros programas de radio

La radio fue un invento (1) ______________________ que capturó la imaginación de la gente. Miles de personas quisieron experimentar con esta nueva y sorprendente tecnología.

Hasta fines de 1912, no había leyes que regularan las transmisiones de radio en los Estados Unidos. Cualquiera que tuviera buena mano con los aparatos podía montar una estación donde quisiera. Estos *amateurs*, a los que se llamaba “radioaficionados”, tenían la libertad de difundir programación de cualquier (2) ______________________, desde cualquier lugar en que estuvieran.

En 1912, hubo un (3) ____________________ entre los operadores de radio y el Gobierno. El Gobierno aprobó nuevas leyes que ponían límites acerca de quiénes podía transmitir señales radiofónicas. Esto produjo un cambio (4) ____________________ en la manera en que se hacían los programas de radio.

En abril de 1917, cuando el país entra en la Primera Guerra Mundial, el gobierno estadounidense ordena el cierre de todas las emisoras no oficiales y asume el control de las ondas de radio. La radiodifusión se transforma así en un medio para transmitir información. La idea de entretener mediante programas de radio quedó (5) ____________________ hasta después de la guerra.

La Máquina Verde

por Dina McClellan

Cuando Caitlin llegó a la emisora de radio WUHA, Sunita ya estaba allí.

—El programa empieza en media hora. ¿Matt y Mariela no deberían haber llegado ya? —dijo, saltando de la silla y con un gesto de preocupación en el rostro—. ¿Qué pasa si no nos acordamos de cómo usar el equipo? ¿Y si…?

—No te preocupes, todo va a salir bien —dijo Caitlin—. Tío Kyle nos enseñó a usar los micrófonos y el equipo técnico se encargará de todo lo demás. Lo único que tenemos que hacer es mantener interesados a los oyentes.

—¡Ni me lo digas! —gimió Sunita.

—Vamos a hablar de una causa realmente importante —le recordó Caitlin—. Tío Kyle dice que *Despierta, planeta Tierra* tiene una gran audiencia. Estoy segura de que apoyarán nuestro proyecto.

Había sido idea de Caitlin pedirle a su tío si Sunita y ella podían ser invitadas al programa. A él le gustó tanto la propuesta que arregló todo para que se hiciera una edición especial para estudiantes, que ellos mismos presentaran.

Detente Piensa Escribe

CONCLUSIONES Y GENERALIZACIONES

¿Qué tipo de programa te parece que será *Despierta, planeta Tierra*?

____

____

____

Las chicas no tuvieron mucho más tiempo para preocuparse. Mariela y Matt llegaron enseguida y en un segundo los cuatro ya estaban en el estudio. El tío de Caitlin les hizo una seña desde la cabina. Entonces se encendió la señal de EN EL AIRE y empezó el programa.

—¡Buenas tardes! —susurró Sunita, nerviosa, frente al micrófono—. Soy Sunita Tejani.

—Y yo soy Caitlin Ratliffe. Estamos aquí para presentar una edición especial para estudiantes de *Despierta, planeta Tierra*.

—Hoy tendremos un encuentro muy especial —dijo Sunita—. Nuestros invitados son Matt Reid y Mariela Guzmán, quienes acaban de formar un nuevo grupo en nuestra escuela y están planeando hacer un trabajo magnífico.

A Sunita ya se la oía mucho más serena. Caitlin le sonrió, y luego dijo, dirigiéndose a Mariela y a Matt:

—¿Por qué no les cuentan a nuestros oyentes en qué están trabajando?

Detente Piensa Escribe

CONCLUSIONES Y GENERALIZACIONES

¿Por qué te parece que Sunita estaba nerviosa?

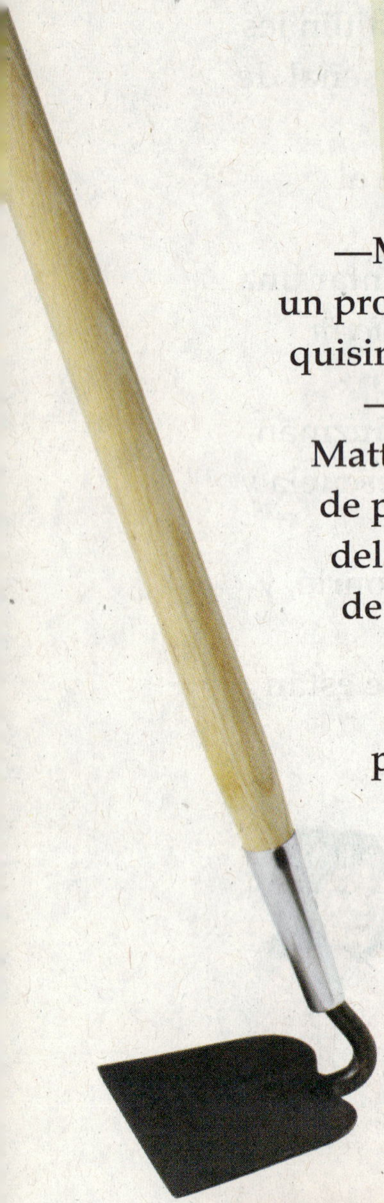

—Matt y yo fundamos La Máquina Verde porque vimos un problema **fundamental** en la Escuela Media Del Bosque, y quisimos hacer algo al respecto —comenzó a explicar Mariela.

—La escuela está en bastante malas condiciones —agregó Matt—. Los jardines parecen un terreno baldío, sin casi nada de pasto. Las verjas están agujereadas y los arbustos del jardín delantero han muerto a causa de quién sabe qué enfermedad de las plantas.

Sunita se acercó un poco más al micrófono y preguntó:

—¿Por qué la escuela no hace algo para resolver esos problemas?

—Bueno, nuestros maestros y nuestro director son magníficos —dijo Matt—. Pero con los recientes cortes al presupuesto escolar, no hay mucho dinero para extras, como el paisajismo.

Mariela tenía con ella una foto de la escuela. La puso sobre la mesa y dijo:

—Los terrenos de la escuela están en tan mal estado que algunos chicos empezaron a tirar basura allí.

Detente **Piensa** **Escribe**

IDEA PRINCIPAL Y DETALLES

¿Qué problema fundamental de su escuela quieren resolver Matt y Mariela?

____

____

____

—¿Qué puede hacer La Máquina Verde para mejorar un poco las cosas? —preguntó Caitlin.

—Para empezar, quisiéramos arreglar la verja, plantar hierba nueva y conseguir algunos arbustos para reemplazar los que han muerto —explicó Matt—. Entonces tal vez los estudiantes dejen de tirar basura.

Caitlin respiró hondo. Matt acababa de darle la pista para que ella pudiera solicitar ayuda.

—Estoy segura de que debe de haber personas entre nuestros oyentes que podrían ayudar a La Máquina Verde —dijo—. Así que, querido público, si alguien entre ustedes tiene algunas semillas de hierba de sobra, ¡La Máquina Verde las necesita!

Sunita continuó invitando a los oyentes a colaborar con donaciones para reparar la verja y plantar nuevos arbustos. Luego, después de agradecerles su presencia a los invitados, Sunita y Caitlin terminaron el programa.

—Ustedes dos sí tienen muy buen **estilo** para la radio —dijo Matt.

Sunita y Caitlin sonrieron.

—Bueno, ahora viene la parte más difícil: ver qué respuesta obtenemos.

Detente Piensa Escribe

ESTRUCTURA DEL CUENTO

¿Qué problema tiene La Máquina Verde?

____

____

____

Esa tarde, el tío de Caitlin la llamó.

—Tu programa ha tenido una respuesta **fenomenal**. El teléfono de la radio ha estado sonando sin parar —le dijo—. La empresa Paisajismo Wu quiere donar nuevos arbustos y semillas de hierba. Decenas de personas están enviando donaciones y los niños de toda el área quieren saber cómo colaborar con La Máquina Verde.

—¡Es fantástico! —dijo Caitlin—. ¡Muchas gracias, Tío Kyle!

Enseguida Caitlin llamó a Sunita, Matt y Mariela, para darles la buena noticia. Caitlin y Sunita fueron a la siguiente reunión de La Máquina Verde, y Caitlin se sintió feliz al ver que la sala estaba repleta.

Antes de terminar la semana, La Máquina Verde tenía todo lo que necesitaba para empezar a trabajar. El sábado por la mañana, al menos veinte niños aparecieron por la escuela. Un equipo de Paisajismo Wu también se acercó para asesorarlos.

Detente Piensa Escribe

INFERIR Y PREDECIR

¿Por qué llegan tantos estudiantes a la reunión de La Máquina Verde y a la escuela?

____

____

____

Caitlin no podía creer cuánto se había logrado en un solo día. Un grupo recorrió el terreno con grandes bolsas de plástico y recogió la basura. El Sr. Wu dirigió un segundo grupo mientras sacaban los arbustos secos y plantaban otros nuevos. Su hijo le mostró a otro grupo de estudiantes cómo esparcir las semillas de hierba.

—Muy pronto este terreno estará cubierto de hierba verde y fresca —dijo el Sr. Wu.

Caitlin se sintió muy orgullosa cuando el director se acercó para agradecerles todo lo que habían hecho. Todo el mundo aplaudió cuando clavó un cartel que decía "Este proyecto fue realizado por LA MÁQUINA VERDE." Caitlin, Sunita, Mariela y Matt **se rezagaron** de los demás y se quedaron en la escuela. No podían creer qué diferente —y cuánto mejor— se veía la escuela ahora.

Detente Piensa Escribe

VOCABULARIO

¿Por qué Caitlin, Sunita, Mariela y Matt se rezagaron y se quedaron en la escuela?

Una semana más tarde, Caitlin, Sunita, Matt y Mariela volvieron a WUHA.

—Antes de empezar la entrega de esta semana de *Despierta, planeta Tierra*, queremos agradecerles a nuestros oyentes su respuesta al programa de la semana pasada —dijo Sunita por el micrófono.

Los cuatro estudiantes hablaron brevemente sobre las donaciones que habían recibido y el trabajo que La Máquina Verde había hecho en la escuela. Luego Caitlin preguntó:

—¿Cuál será la próxima misión de La Máquina Verde?

—Nos preparamos para un **enfrentamiento** con los funcionarios locales —dijo Matt—. El ayuntamiento acaba de cerrar un patio de juegos de la zona, pero nosotros pensamos que deberían repararlo y volver a abrirlo. Los chicos de este vecindario necesitan un lugar donde poder jugar.

Sunita miró la foto que Mariela tenía en la mano y dijo:

—Vaya trabajo que les espera. Sin embargo, nadie mejor que La Máquina Verde para lograrlo.

Detente **Piensa** **Escribe**

VOCABULARIO

¿Qué te parece que pasará durante el enfrentamiento entre La Máquina Verde y los funcionarios?

Vuelve a leer y responde

1 ¿Te parece que WUHA es una emisora de radio grande o pequeña?

Pista
Busca pistas en las páginas 54, 55 y 58.

2 ¿Qué hace Caitlin para que Sunita no se sienta tan nerviosa?

Pista
Busca pistas en las páginas 54 y 55.

3 ¿Por qué alguien podría recurrir a la radio para conseguir apoyo para una causa?

Pista
Piensa en cuántas personas podrían escuchar un programa de radio.

4 ¿Cuál te parece que será el resultado del enfrentamiento entre La Máquina Verde y los funcionarios de la ciudad? Explica tu respuesta.

Pista
Piensa en lo bien que resultó el plan de La Máquina Verde para reparar la escuela.

Lección 7

✓ VOCABULARIO CLAVE

inicialmente
intenso
multitud
originar
tradición

Los mayas

1 Hace tiempo, los mayas habitaban nada menos que unas cuarenta grandes ciudades. **Multitud** de personas vivían en cada ciudad. Algunas de esas ciudades llegaban a tener unos 50,000 habitantes. En cierto momento, la población maya llegó a alcanzar los dos millones de personas.

Nombra algo que pueda formar una multitud, que no sean personas.

2 Era **tracición** que en las ciudades mayas hubiera templos, palacios y pirámides. Cada ciudad maya, también tenía por lo general una plaza central y una cancha para jugar a la pelota.

¿Qué crees que significa tradición?

3 Los mayas tenían un sistema de escritura basado en símbolos. En la década de 1830, se comenzó a estudiar la escritura maya. **Inicialmente**, los símbolos eran difíciles de comprender. Luego los investigadores fueron aprendiendo el sentido de esos símbolos.

Menciona algo que inicialmente te haya resultado difícil pero que luego hayas aprendido a hacer bien.

4 Los mayas a veces guerreaban unos contra otros. También surgían conflictos muy **intensos** entre los mayas que habitaban distintas ciudades. Algunas veces, esas luchas llegaban a ser muy sangrientas y causaban la muerte de muchas personas.

Describe alguna rivalidad intensa entre dos equipos deportivos que conozcas.

5 La civilización maya **se originó** hace unos 3,500 años. Su apogeo duró hasta hace unos 1,000 años. Nadie sabe con certeza el porqué de su decadencia. No han quedado documentos escritos que expliquen qué sucedió.

¿Cuál sería un sinónimo de se originó?

Los mayas: Un pueblo poderoso

por Claire Daniel

El maestro de Víctor estaba hablando de la civilización maya, que hacía mucho tiempo había dominado la península de Yucatán, en México. **Inicialmente**, Víctor no se sintió interesado. Había estado en Yucatán visitando a sus abuelos. Las ruinas de una ciudad maya se alzaban cerca de la casa. Víctor no podía entender por qué la gente podría querer ver un montón de piedras viejas.

Luego, el maestro empezó a hablar sobre Gonzalo Guerrero, un explorador español que había amado a los mayas. Víctor aguzó el oído. ¡Su apellido también era Guerrero! ¿Habría sido Gonzalo Guerrero un antepasado suyo? Esa tarde, Víctor se lo preguntó a su padre, pero este no sabía.

Al día siguiente, el maestro de Víctor les pidió a los estudiantes que eligieran un tema para presentar un informe. Víctor eligió escribir sobre los mayas. Su padre le dio a leer un libro. Esto es lo que Víctor aprendió.

Detente Piensa Escribe

CAUSA Y EFECTO

¿Por qué Víctor de pronto se siente interesado en los mayas?

La civilización maya

La cultura maya **se originó** hace unos 3,700 años. Los mayas vivían en lo que es hoy México y América Central. Llegaron a desarrollar una civilización avanzadísima. Comprendieron muchos conceptos científicos y matemáticos. Sabían mucho sobre los movimientos celestes del Sol y la Luna y utilizaron un calendario de 365 días antes que los europeos.

Los mayas construían cosas basándose en la naturaleza. Construyeron grandes pirámides que parecían montañas. En la ciudad maya de Chichén Itzá, todavía se conserva un templo en forma de pirámide. El templo había sido construido de modo que el número de escalones correspondiera al número de días en un año. Cada uno de los cuatro lados del templo tenía 91 escalones. Había 364 escalones en total y la cima de la pirámide, que contaba como el escalón número 365.

Chichén Itzá

Entre sus grandes ciudades, los mayas construían rutas. Esas carreteras eran blancas, para que se vieran como se veía la Vía Láctea en el cielo. El principal propósito de las carreteras era facilitar el comercio y el traslado a los templos más importantes. Esas blancas carreteras desembocaban directamente en el centro de cada ciudad.

Detente **Piensa** **Escribe**

VOCABULARIO

Describe cuándo y dónde se originó la cultura maya.

___

___

___

Vida diaria y trabajo

Todos los miembros de la familia maya debían ayudar en las tareas cotidianas. Los hombres trabajaban en el campo. Pescaban y cazaban, y cosechaban frutas y vegetales. Era **usanza** que las mujeres se hicieran cargo del cuidado de la casa y de los animales. Las mujeres también hacían mantas, ropa, objetos de cerámica y cestas.

El comercio era una parte importante de su cultura. Los mayas intercambiaban joyas, jade, plumas y ropa por alimentos y otros artículos. Algunos también podían ofrecer algodón, cera, miel y sal. Los comerciantes mayas iban a Honduras a buscar cacao. Las semillas de cacao se usaban para hacer chocolate.

Los mercaderes mayas se desplazaban también en grandes canoas que parecían carretas flotantes. Cada embarcación podía llevar hasta veinticinco personas y un gran cargamento de productos para comerciar. Para guiarse, los navegantes usaban mapas trazados en tela de algodón.

Cuando los mayas viajaban, se relacionaban con otros pueblos. Así aprendían nuevas ideas y conocían diferentes culturas.

Detente Piensa Escribe

VOCABULARIO

Menciona tres tareas que fuera tradición que hicieran las mujeres mayas.

___

___

___

Los exploradores españoles

En 1492, llegó a América el explorador Cristóbal Colón. Colón llamó a esas tierras el "Nuevo Mundo" y fue quien inició la exploración española. Poco después, al oír hablar de su viaje, otros exploradores españoles también quisieron viajar al Nuevo Mundo. Algunos hallaron grandes riquezas y se apropiaron del oro y la plata que encontraron.

Los navegantes contaban historias y describían el Nuevo Mundo. Mucha gente que los escuchaba quiso ver por sí misma esa nueva y bella tierra. Algunos querían oro y plata. Otros querían vivir aventuras.

En 1511, un barco español naufragó cerca de Yucatán. Veinte marineros saltaron a un bote salvavidas. Permanecieron flotando durante dos semanas. El clima era **intenso**, con fuertes vientos y tormentas. Los navegantes tenían poca agua y provisiones.

Solo dos hombres sobrevivieron. Uno se llamaba Jerónimo de Aguilar. El otro era Gonzalo Guerrero.

Detente Piensa Escribe

CAUSA Y EFECTO

¿Por qué tantos españoles querían venir a América?

___

___

___

Guerrero y los mayas

Los dos hombres desembarcaron en la costa de Yucatán, es decir, en el centro mismo de la civilización maya.

En esa época, España todavía no había conquistado México. Los mayas capturaron a Guerrero y a Aguilar y los hicieron trabajar como esclavos. Al jefe maya le gustaba Guerrero y su hija hasta se enamoró de él. Guerrero se casó con la princesa y dejó de ser esclavo. Pasó a formar parte de la familia real y a ser uno de los jefes del ejército.

A Guerrero le encantaba su vida con los mayas. Sin embargo, sabía que vendrían otros españoles. España había atacado pueblos nativos en otras partes de América. Guerrero sabía que atacarían a los mayas y se apropiarían de sus riquezas. De modo que les advirtió que llegarían hombres extraños y les enseñó a defender sus tierras y sus bienes.

Detente Piensa Escribe

IDEA PRINCIPAL Y DETALLES

¿Cómo sabía Guerrero que algún día los soldados españoles llegarían a Yucatán?

Finalmente, los soldados llegaron. En 1519, Hernán Cortés llegó a Yucatán. Había oído acerca de los dos españoles que vivían con los mayas. Cortés mandó a buscarlos. Aguilar se presentó enseguida. Cortés le pidió que se uniera a su ejército y Aguilar aceptó.

Cortés fue a ver a Guerrero y lo encontró vestido a la usanza maya. Cuando le pidió que se uniera a su ejército, Guerrero respondió que no, que era feliz con los mayas. Cortés partió sin él.

Otro conquistador español, Francisco Montejo, también le pidió a Guerrero que se uniera a su ejército. Una vez más, Guerrero se negó. Montejo dirigió una **multitud** de soldados contra los mayas. Los mayas lucharon con valentía, comandados por Guerrero, quien probablemente muriera en una de las batallas.

Francisco Montejo nunca conquistó a los mayas. Mucha gente piensa que fue gracias a Gonzalo Guerrero. El pueblo maya siempre le agradeció a Guerrero lo que hizo por ellos.

Detente Piensa Escribe

PERSUASIÓN

¿Qué quiere la autora que los lectores piensen de Guerrero? ¿Cómo lo sabes?

____

____

____

Víctor cerró el libro y le preguntó a su padre qué había sido de la civilización maya.

—La gente abandonó las ciudades mayas, pero nadie sabe por qué —dijo su padre—. Sin embargo, en México hay ruinas mayas que se pueden visitar.

—¿Como Chichén Itzá? —preguntó Víctor.

—Claro —respondió su padre—. Hace unos 800 años, muchos mayas abandonaron Chichén Itzá. Tal vez partieron porque no tenían suficiente para comer. O tal vez una enfermedad los matara a todos.

—¿Podemos ir a visitar pronto a los abuelos? —preguntó Víctor—. Me gustaría ir a Chichén Itzá. Quisiera descubrir por qué Guerrero quiso tanto a los mayas. Si visitamos las ruinas, tal vez encuentre alguna clave.

—¿Entonces ya no piensas que las ruinas mayas son un montón de piedras viejas? —dijo el papá con una gran sonrisa.

—Son mucho más que simples piedras —respondió Víctor—. Son lo que nos queda de una gran civilización.

Detente **Piensa** **Escribe**

INFERIR Y PREDECIR

¿Cómo pueden las ruinas de las ciudades mayas dar claves de lo que fue esa civilización?

____

____

____

Vuelve a leer y responde

1 **¿Cómo cambia la opinión de Víctor sobre los mayas entre el principio y el final del cuento?**

Pista
Busca pistas en las páginas 64 y 70.

2 **Menciona dos hechos que la autora use para tratar de persuadir a los lectores de que los mayas eran una gran civilización.**

Pista
Busca pistas en la página 65.

3 **¿Te parece que la autora admira a Gonzalo Guerrero? ¿Cómo lo sabes?**

Pista
Busca pistas en las páginas 68 y 69.

4 **¿Crees que la autora quiere que los lectores piensen que visitar las ruinas mayas sería informativo e interesante? Explica tu respuesta.**

Pista
Busca pistas en la página 70.

Lección 8

Ferias de ciencias en la escuela

✓ VOCABULARIO CLAVE

complejo
elegante
muestra
principio
renuente

Marca la respuesta.

1. Una presentación en una feria de ciencias puede demostrar un ____________ científico.

☐ **maestro** ☐ **principio** ☐ **elegante**

2. A veces una presentación simple puede ser mejor que otra, más ____________ .

☐ **renuente** ☐ **literaria** ☐ **compleja**

3. Exhibe todas las ____________ que hayas reunido para tu demostración.

☐ **transmisores** ☐ **muestras** ☐ **principio**

4. Trata de encontrar una manera ____________ de explicar las ideas complicadas.

☐ **elegante** ☐ **aspecto** ☐ **renuente**

5. ¡No te sientas ____________ a intentar algo nuevo!

☐ **persuadido** ☐ **elegante** ☐ **renuente**

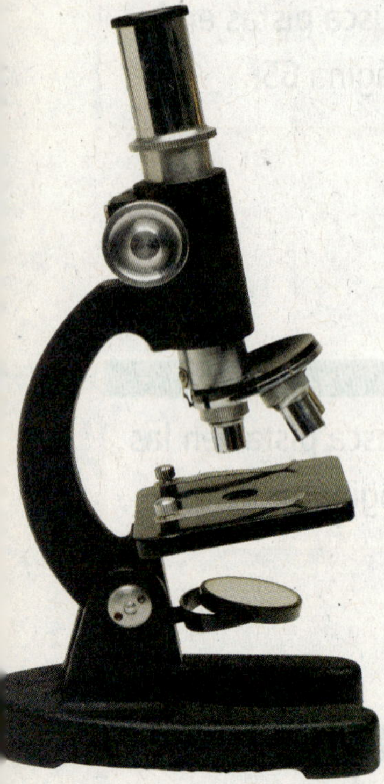

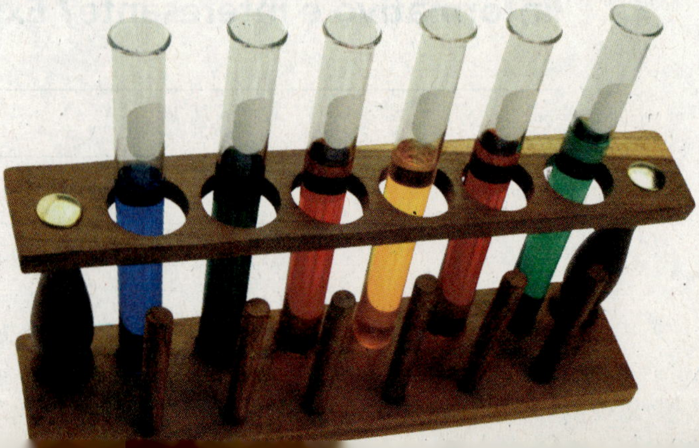

6 ¿Cuál es la tarea más compleja que realizas todos los días? Explica tu respuesta.

7 ¿Qué quehaceres eres renuente a hacer? Explica tu respuesta.

8 Formula un principio que pienses que los políticos deberían seguir.

Naturalmente, los mejores

por Shirley Granahan

Hola. Me llamo Josie y me encanta ser una ganadora. Por suerte, soy la corredora más rápida de la cuadra. Y sé que para ser el mejor tienes que entrenarte y mantenerte en forma. Por eso, practico todos los días. Definitivamente ¡no me gusta perder!

No por presumir ni nada por el estilo, pero también soy la mejor en ortografía de toda mi escuela. El año pasado gané el campeonato de ortografía. Y en matemáticas y en ciencias también soy la mejor. Hay que trabajar mucho para ser la mejor, así que paso mucho tiempo sola, estudiando.

Una vez por año, sin embargo, siento que soy popular. Nuestra escuela organiza una feria de ciencias. Todos los chicos quieren formar equipo conmigo, para ganar. Pero aun cuando tengo un compañero de equipo, por lo general termino haciendo yo sola todo el trabajo. Este año, decidí que las cosas iban a cambiar.

Detente Piensa Escribe

CAUSA Y EFECTO

¿Por qué Josie es popular una vez al año?

____

____

____

Se me ocurrió una solución **elegante** para mi problema: le pediría a Max que fuera mi compañero de equipo. Max es el estudiante más inteligente de la clase, después de mí, y eso aun cuando payasea bastante. Si hiciéramos el proyecto juntos, sé que ganaríamos, ¡y no tendríamos que competir entre nosotros!

Esta mañana, el maestro anunció la fecha de la feria de este año. Enseguida después de almorzar, fui a ver a Max.

—¿Quieres ser mi compañero de equipo para la feria de ciencias? —le pregunté.

Max pareció sorprendido:

—¿Y por qué yo? —me preguntó.

—Juntos podríamos planear un muy buen proyecto —le dije—. Y ninguno de los dos terminaría haciendo todo el trabajo del equipo.

—Ya veo —dijo Max. Él sabía bien lo que era tener un compañero de equipo que no hiciera nada—. Trato hecho. Vamos a pensar juntos un buen proyecto, que tenga todas las posibilidades de ganar.

Detente Piensa Escribe

SECUENCIA DE SUCESOS

¿Qué hace Josie enseguida después de almorzar?

____

____

____

A Max le gustan las cosas relacionadas con el espacio, por lo que sugirió que nuestro proyecto tuviera que ver con las estrellas.

—Pero las luces de la ciudad pueden impedir que se vean las estrellas —le recordé.

Sugerí que hiciéramos un volcán y midiéramos el flujo de lava.

—¡Ni soñando! —dijo Max—. Eso sería demasiado caro y **complejo**. Tendríamos que hacer la maqueta de un volcán y buscar la manera de representar la lava. Deberíamos hacer cientos de pruebas antes de llegar a algo que pudiéramos mostrar.

Max se puso a pensar. Luego dijo:

—¿Por qué no probamos qué plantas dan las mejores tinturas naturales...? Un tema con el que, *naturalmente,* ganaríamos —rió.

—¡Qué buena idea! —le dije, contenta de haber formado equipo con Max. Es verdad que a veces se hacía el tonto, pero también tenía ideas geniales—. Todo lo que necesitamos son plantas, una olla y algo que teñir.

Detente Piensa Escribe

INFERIR Y PREDECIR

¿Dónde viven Josie y Max? ¿Cómo lo sabes?

Pasamos la semana siguiente investigando el tema. Leímos el **principio** básico para hacer tinturas, que consiste principalmente en hervir las plantas en agua.

—A mí me gusta cocinar —dije—. ¿Por qué no me encargo de preparar las tinturas? Tú puedes encargarte de teñir las telas.

Max estuvo de acuerdo. Así que hice algunas pruebas para saber por cuánto tiempo y a qué temperaturas debía poner a hervir las frutas y los vegetales.

El sábado, Max vino a casa. Puse a hervir las zanahorias y luego Max sumergió la tela en el agua. Las zanahorias no tiñeron la tela, en realidad. Sacamos fotos para mostrar el proceso que habíamos seguido y lo que no había funcionado.

El paso siguiente fue intentarlo con el apio y la lechuga, pero tampoco resultaron muy buenos. Luego probamos lo mismo con los arándanos. ¡Genial! El algodón salió azul. Luego probamos con las remolachas. ¡Magnífico! El algodón salió de un rojo brillante, con algo de rosado.

Detente **Piensa** **Escribe**

VOCABULARIO

¿Qué otra palabra podría haber usado la autora en lugar de principio?

____

____

____

Teníamos que probar una planta más y Max sugirió que usáramos unas hojas de color verde brillante que había entre las plantas de mi mamá. Ella cortó con mucho cuidado unas cuantas hojas y nos las dio. Después de unas horas de cocción, obtuvimos una tintura ¡amarilla!

Al día siguiente, Max dijo:

—¿Sabes qué? ¡Deberíamos teñir cosas más interesantes que retazos de algodón!

Me pareció una idea genial. Max donó una camiseta blanca y decidimos que la teñiríamos de azul. Por mi parte, lo único blanco que tenía era mi osito de peluche.

—Ese oso se vería fantástico en amarillo —dijo Max.

Al principio, fui **renuente**, pero al final acepté.

—¿Y ahora? ¿Qué podríamos teñir de rojo brillante?

—Para eso —dijo Max con una sonrisa—, tengo una gran idea. No te preocupes, quedará muy bien. Ya lo verás en la feria.

Detente Piensa Escribe

SECUENCIA DE SUCESOS

¿De qué color es la última tintura que prepara Josie? ¿Con qué la prepara?

____

____

____

El día de la feria, montamos nuestro exhibidor. Hacía calor, pero Max se había puesto su gorro de lana.

—Me quedé dormido y tengo el pelo un desastre —explicó.

Colgamos un letrero en nuestro exhibidor: NATURALMENTE, LOS MEJORES. Montamos fotos del proceso que habíamos seguido. Expusimos los trozos de algodón que probaban que las zanahorias, el apio y la lechuga no habían dado resultado. También teníamos los trozos de algodón que sí se habían teñido. Pusimos las **muestras** debajo de las fotos correspondientes. Por último, colocamos los objetos que habíamos teñido. La camiseta de Max era de un azul perfecto y mi osito lucía un adorable pelaje amarillo. Aun así, ¡era obvio que faltaba algo!

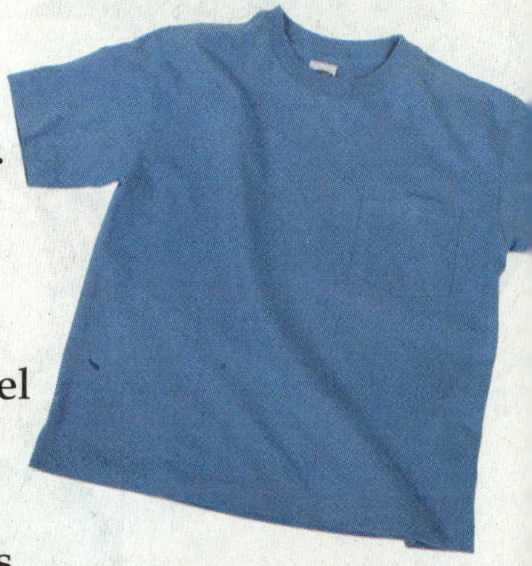

—¿Dónde está lo que teñiste de rojo? —le pregunté.

—Ya lo verás, no te preocupes —se rió Max.

—Mira, Max —le dije finalmente—, para mí las competencias son algo muy serio.

—¡Para mí también! —se apresuró a responder—. Pero debes aprender a relajarte y divertirte un poco.

Justo en ese momento, los miembros del jurado se acercaron a nuestro exhibidor.

Detente Piensa Escribe

VOCABULARIO

¿Qué muestras expusieron en su exhibidor Max y Josie?

____

____

____

—¿Por qué no han teñido nada de rojo? —preguntó uno de los miembros del jurado—. En el informe dicen haber utilizado remolachas.

—Es cierto —respondí, mirando a Max, esperando que él contestara la pregunta.

De repente, Max se quitó el gorro. ¡Tenía el pelo rojo brillante!

—Tatán, tatáaannn... No veía la hora de que todos me vieran ¡con este color de pelo!

Los miembros del jurado se rieron. Y yo también, claro. Max puede hacer las cosas un poco a su manera, pero también logró que nuestro proyecto resultara especial. Además, también me enseñó a divertirme un poco más.

Gracias a Max, este año ganar fue mucho más divertido. (Porque ganamos el primer premio, *naturalmente*.)

Detente Piensa Escribe

CAUSA Y EFECTO

¿Por qué se ríen los miembros del jurado?

___

___

___

Vuelve a leer y responde

1. **¿Por qué Josie le pide a Max que sea su compañero de equipo?**

   ____

   ____

   ____

   Pista
   Busca pistas en la página 75.

2. **¿Qué vegetal prueban primero Josie y Max?**

   ____

   ____

   ____

   Pista
   Busca pistas en la página 77.

3. **¿Por qué te parece que Josie se siente renuente a teñir su osito?**

   ____

   ____

   ____

   Pista
   Piensa en algo que hayas conservado por mucho tiempo.

4. **¿De qué manera trabajar juntos en el proyecto ayudó tanto a Josie como a Max?**

   ____

   ____

   ____

   Pista
   Piensa en cómo trabajaron juntos.

Lección 9

VOCABULARIO CLAVE

desafiar
escasamente
osar
permear
rudimentario

LA SEGUNDA GUERRA MUNDIAL
en el Pacífico

Muchas batallas de la Segunda Guerra Mundial se libraron en islas del Océano Pacífico. Los soldados japoneses habían ocupado muchas de esas islas. Estados Unidos y sus aliados tenían que vencer a los japoneses en el Pacífico si querían ganar la guerra.

El ejército japonés **estaba permeado** por una cultura basada en el orgullo y la obediencia. Los japoneses eran soldados disciplinados. La mayoría de ellos jamás pensaría en **desafiar** una orden de su comandante. Estaban entrenados para cumplir órdenes sin cuestionarlas. Tampoco dejarían de luchar sin una orden que se lo indicara. Todo esto hacía de ellos un enemigo difícil de combatir.

Muchas de las islas del Pacífico estaban **escasamente** pobladas. Muchas de ellas no tenían rutas ni pueblos. Las condiciones de vida eran muy **rudimentarias:** solo un refugio precario y la comida más simple. Los soldados japoneses a menudo se ocultaban en lo más profundo de la selva. Los soldados estadounidenses tenían que **osar** llegar hasta allí en busca del enemigo. La toma de cada una de esas islas representó un enorme esfuerzo para los soldados estadounidenses y sus aliados.

1. Las condiciones de vida en muchas de las islas del Pacífico eran ______________________.

2. Un sentido de orgullo y de obediencia ______________________ todos los estratos del ejército japonés.

3. La mayoría de los soldados japoneses obedecían órdenes y jamás habrían ______________________ a un superior.

4. El ejército estadounidense a menudo tenía que ______________________ entrar en la densidad de la selva para hallar y combatir al enemigo.

5. Muchas de las islas del Pacífico estaban ______________________ pobladas y solo tenían unas pocas comunidades de granjeros y pescadores.

6. Si decimos que un área está escasamente poblada, ¿qué queremos decir?

____

____

____

7. ¿Qué piensas que le pasaría a un soldado que decidiera desafiar las órdenes de un superior?

____

____

____

Hiroo Onoda

El soldado olvidado

por Mia Lewis

Imagina que sales al patio a la hora del almuerzo y no oyes el timbre del final del recreo. Al ver que todo el mundo ha vuelto a entrar, correrías a clase, ¿verdad?

Pero, ¿qué pasaría si pensaras que todos tus amigos siguen fuera, y que se están escondiendo, solo para *confundirte* y hacerte creer que la hora del almuerzo ha terminado? ¿Te quedarías en el patio solo para **desafiarlos** y probar que su treta no ha funcionado? Y en ese caso, ¿por cuánto tiempo te quedarías fuera? ¿por —digamos— una semana entera? Seguramente, no.

De algún modo, eso es lo que le pasó a Hiroo Onoda. Onoda era un oficial de inteligencia del ejército japonés, durante la Segunda Guerra Mundial. En 1944, Onoda fue enviado a la Isla Lubang, en Filipinas. La Segunda Guerra Mundial se estaba librando en Filipinas y en otras islas del Pacífico. La guerra terminó en 1945, pero Hiroo Onoda no se enteró. Permaneció en la isla hasta que finalmente se entregó, treinta años más tarde.

Detente **Piensa** **Escribe**

CAUSA Y EFECTO

¿Por qué Hiroo Onoda fue a la Isla Lubang en 1944?

Acatando órdenes

Cuando Onoda llegó a la Isla Lubang, ésta estaba bajo dominio japonés. La misión de Onoda era hacer todo lo que estuviera a su alcance para impedir que las fuerzas estadounidenses tomaran la isla. Aun si no podía detenerlos, Onoda iba a combatir a los estadounidenses con todos los medios que pudiera. Había recibido órdenes de seguir luchando hasta que su comandante fuera a buscarlo.

Onoda se tomó esas órdenes muy en serio. Poco después de la llegada de Onoda a Lubang, las fuerzas estadounidenses tomaron la isla. Los soldados japoneses se replegaron en la selva y se ocultaron en ese área **escasamente** poblada, divididos en pequeños grupos para que resultara más difícil encontrarlos. Los soldados estadounidenses capturaron o mataron a la mayoría de los soldados japoneses que estaban en la isla. Al poco tiempo, Onoda y otros tres hombres eran los únicos soldados japoneses que seguían ocultos.

Detente Piensa Escribe

VOCABULARIO

¿Por qué piensas que la selva estaba escasamente poblada?

____

____

____

Termina la guerra... ¿O no?

Onoda y los otros tres soldados sobrevivieron con las escasas provisiones que habían llevado con ellos a la selva. Comían bananas y cocos. A veces mataban algún animal de las granjas cercanas para poder comer. Sin un refugio real ni ropa extra, los tres hombres llevaban una vida muy **rudimentaria**.

A veces **osaban** salir de la selva para luchar contra el enemigo. Ellos pensaban que los estadounidenses seguían siendo el enemigo, pero también sospechaban de los habitantes de la región. Onoda pensaba que tal vez fueran espías o soldados enemigos disfrazados. Por eso, cada tanto, los tres hombres atacaban a los residentes, mataban a sus animales o quemaban sus cosechas.

La Segunda Guerra Mundial terminó el 6 de agosto de 1945. En octubre, Onoda vio panfletos que decían que la guerra había terminado y que los soldados debían abandonar sus refugios. Onoda no creyó lo que decían los panfletos: pensó que eran una trampa. Así que decidió seguir oculto, cumpliendo las órdenes que le había dado su comandante.

Detente Piensa Escribe

CAUSA Y EFECTO

¿Por qué los tres soldados japoneses atacaban a los residentes de los alrededores?

____

____

____

Todo continúa

Los años pasaban y Onoda y sus hombres seguían ocultos en la selva. En 1949, uno de los soldados que formaban parte del grupo de Onoda no pudo soportar más seguir viviendo en tal aislamiento. Quería rendirse, pero no les dijo nada a los otros. Simplemente, se fue. Logró salir de la selva y entregarse a las autoridades de Lubang.

A Onoda le preocupaba que el desertor le dijera al enemigo dónde se hallaban ocultos él y los suyos. Así que él y los otros dos japoneses se volvieron más prudentes que nunca. Continuaron sospechando que los residentes locales trabajaban para el enemigo y los volvieron a atacar varias veces. Las autoridades de Lubang enviaron patrullas de soldados para combatirlos. Esto dio lugar a varios pequeños enfrentamientos entre Onoda y el ejército local.

Para Onoda, estos altercados eran la prueba de que la guerra continuaba. ¿Cómo podría haber terminado, si el enemigo seguía atacándolos? En 1954, otro hombre del grupo de Onoda murió en una de esas batallas. Ahora solo quedaban Onoda y un hombre más.

Detente Piensa Escribe

CAUSA Y EFECTO

¿Por qué Onoda estaba convencido de que la guerra no había terminado?

___

___

___

¡Salgan! ¡Salgan!

Mientras Hiroo Onoda y sus hombres seguían ocultos, la gente trató de persuadirlos de que la guerra había terminado. Pero sin suerte. Una gran cantidad de panfletos se arrojaron desde aviones o se colocaron en lugares donde los soldados japoneses pudieran verlos. En uno de los panfletos se había impreso una orden de rendición firmada por un general japonés. Se les lanzaron periódicos donde se anunciaba el fin de la guerra. Se les arrojaron desde aviones notas y fotos de familiares y amigos. Familiares y amigos también llegaron a la isla para hablarles, a través de altavoces.

Onoda y sus hombres leían con cuidado todos los panfletos y estudiaban todos los materiales que encontraban. Pero siempre encontraban algo sospechoso y concluían que se trataba de una nueva trampa, más sofisticada que las anteriores. Habían estado en guerra en la selva desde hacía ya tanto tiempo que la sospecha **permeaba** toda su vida. Les resultaba muy difícil confiar en alguien o en algo.

Detente Piensa Escribe

VOCABULARIO

¿Qué evidencia muestra que la sospecha permeaba la vida de Onoda y sus hombres?

___

___

___

En busca de Onoda

En 1972, en un enfrentamiento con los residentes de la isla, muere el último compañero de Onoda. Tenía cincuenta y un años y había vivido oculto por veintisiete. Onoda era el único soldado japonés que quedaba en la isla. Aun así, continuó cumpliendo las órdenes de su comandante.

Para entonces, Hiroo Onoda era algo así como una leyenda en Japón. Mucha gente había oído hablar de él. En 1974, un joven llamado Norio Suzuki partió de Japón en viaje a las Filipinas, Burma, Nepal y otros países. Decía que iba a ir a buscar a Hiroo Onoda. Increíblemente, unos días después de llegar a Lubang, ¡Suzuki encontró a Onoda!

Suzuki le dijo a Onoda que la Segunda Guerra Mundial había terminado, pero Onoda no le creyó y confirmó una vez más que solo aceptaría órdenes de su comandante. Suzuki le tomó fotografías y los dos hombres acordaron un lugar secreto donde intercambiarían mensajes. Luego Suzuki volvió a Japón. Quería ayudar a que Onoda regresara a su patria.

Detente **Piensa** **Escribe**

INFERIR Y PREDECIR

¿Por qué te parece que Norio Suzuki le habrá tomado fotografías a Onoda?

____

____

____

La salida de la selva

Norio Suzuki les mostró las fotografías de Onoda a los oficiales japoneses. El gobierno contactó al Mayor Taniguchi quien, treinta años antes, había sido el comandante de Onoda. Taniguchi trabajaba ahora como librero, pero estuvo de acuerdo en colaborar.

Suzuki le dejó un mensaje a Onoda en el lugar secreto que habían acordado. También le dejó copias de las fotos que le había tomado. Onoda no había visto ninguna imagen de sí mismo en todo el tiempo que había vivido en la selva y se sorprendió de ver cómo había cambiado su rostro.

El 9 de marzo de 1974, el Mayor Taniguchi llegó a Lubang y le dio a Onoda la orden de abandonar la lucha. Finalmente, Onoda tenía una prueba aceptable de que la guerra había terminado. Entregó sus armas y se rindió.

Después de casi treinta años de vivir oculto, Hiroo Onoda salió de la selva y volvió a Japón, donde fue recibido como un héroe.

Detente Piensa Escribe

CAUSA Y EFECTO

¿Por qué el Mayor Taniguchi tuvo que viajar hasta Lubang para hablar con Onoda personalmente?

____

____

____

Vuelve a leer y responde

1 ¿Por qué Onoda siguió luchando por tanto tiempo?

Pista
Busca pistas en las páginas 85, 88 y 89.

2 ¿Por qué uno de los hombres de Onoda desobedeció las órdenes y abandonó la selva?

Pista
Busca pistas en la página 87.

3 ¿Por qué Onoda y sus hombres no creían en los volantes que encontraban?

Pista
Busca pistas en la página 88.

4 ¿Qué podría haber pasado si el Mayor Taniguchi no hubiera ido a la Isla Lubang en 1974?

Pista
Piensa en qué necesitó Onoda para aceptar que podía dejar de luchar.

Lección 10

VOCABULARIO CLAVE

abundancia
cultural
legado
retener
sabiduría popular

Los inuit

En la tundra ártica, donde residen las comunidades inuit, los materiales de construcción son escasos. Sin embargo, hay (1) ________________ de nieve. En el pasado, los inuit construían hogares temporales, llamados iglús, con masas compactas de nieve cortadas en bloques. La forma redondeada de los iglús ayudaba a conservar el calor. Cada iglú tenía una ventana de hielo en la cúpula. Cuando llegaba el verano, los iglús se derretían y las familias inuit se mudaban a tiendas hechas con pieles de animales.

Aunque la vida inuit ha cambiado drásticamente en el último siglo, el pueblo inuit sigue conservando muchas de sus tradiciones. Los relatos, la mitología y la (2) ________________ siguen constituyendo una parte importante de la vida (3) ________________ del pueblo inuit.

La habilidad para tocar el pandero es una parte importante del **4** ________________ inuit. Tradicionalmente, los panderos se hacían con madera de deriva y piel de caribú, cubierta de piel de foca o de morsa. Danzar al ritmo del pandero es común en ceremonias tales como bodas, nacimientos y la entrada a la pubertad de los niños varones.

La cultura inuit **5** ________________ la memoria de un pasado compartido y comprende que el mundo a su alrededor está cambiando. Aunque los inuit cazan y pescan con los equipos más sofisticados que existen en la actualidad, también usan técnicas antiguas que se fueron transmitiendo a través de generaciones.

¡Buena suerte, Aputik!

por Dina McClellan

Es invierno en el Ártico. En la pequeña aldea inuit donde viven Nanuq y su familia, es de noche la mayor parte del tiempo. El sol se asoma apenas por unas horas al día. Fuera de eso, la única luz es un débil reflejo azul que proyecta la Luna sobre la nieve congelada.

Nanuq significa "oso polar" en la lengua inuit y es un nombre muy apropiado para él. A Nanuq no le molesta el frío. Después de la cena, sale a correr por el bosque que se alza detrás de su casa y sigue el sendero que lleva al río. Corre por entre los árboles, grácil como una gacela, tratando de no resbalarse en la nieve ni el hielo. El río está congelado y es una superficie tan lisa como el cristal. Nanuq se sienta a la orilla, respirando el aire frío y limpio del norte. Espera, presta atención. Solo oye el silencio y el ulular del viento.

Detente **Piensa** **Escribe**

COMPARAR Y CONTRASTAR

¿En qué se parece Nanuq a un oso polar?

____

____

____

Al rato, Nanuq oye lo que estaba esperando: el susurro de un trineo y el suave tintineo de las campanitas en el collar de los perros. ¡Es el trineo de Aputik, que se acerca!

Nanuq sabe que su tío Aputik está practicando para el Iditarod que se celebrará la próxima semana. El Iditarod es una carrera de *mushers*, o corredores de trineos tirados por perros. El Iditarod comienza en el sur de Alaska y termina a 1,100 millas hacia el noroeste. Es una prueba muy difícil y solo participan los mejores *mushers*.

Nanuq quiere ser un *musher* como su tío, pero por ahora se contenta con mirar y alentar a Aputik de lejos.

—¡Sigue, Aputik!— le grita Nanuq, brincando y agitando los brazos. Su tío no lo oye. Nanuq ve cómo el trineo se desliza por la nieve y luego desaparece en la oscuridad de la noche tan velozmente como apareció.

Detente Piensa Escribe

INFERIR Y PREDECIR

¿Por qué piensas que Nanuq no es un *musher* como su tío?

Cuando Nanuq regresa, hay mucho movimiento en el pueblo. En la casa de nieve, donde la comunidad suele reunirse, se prepara una gran celebración en honor a Aputik. Ha venido gente de todas partes en motonieves y trineos. Se tocará el pandero y habrá danzas y canciones para desearle buena suerte a Aputik. También habrá comida en **abundancia** para todo el mundo.

Los inuit tienen una manera especial de tocar el pandero para bailar y cantar. Tocar el pandero es parte de su **legado** y el papá de Nanuq es un experto. El pandero que trajo a la casa de nieve había pertenecido a su padre. Es un pandero grande, plano y redondo. Lo toca golpeando el borde —no el centro— de ambos lados. Lo toca con un ritmo parejo que empieza lento y se va haciendo cada vez más rápido.

El papá de Nanuq se balancea hacia adelante y hacia atrás mientras toca. Las mujeres del pueblo, incluyendo a su mamá y su abuela, lo rodean y se balancean también.

Detente **Piensa** **Escribe**

VOCABULARIO

Escribe un detalle del texto que muestre que tocar el pandero es parte del legado del papá de Nanuq.

___

___

___

Las mujeres cantan de una manera especial llamada "canto de garganta". Los sonidos son graves, pues vienen de la garganta, y a veces imitan el llamado de los lobos, la focas, las aves y las morsas.

Otras veces, las mujeres cantan canciones que narran experiencias de la vida real. Cantar es una manera de transmitir la **sabiduría popular** de la tribu de generación en generación.

Esta noche, las mujeres cantan una canción acerca de un equipo de perros de trineo y un valiente *musher.* La canción describe cómo el *musher* representa a su pueblo en la carrera y lo bien que trata a sus perros. La canción también habla de un niño que apoya al *musher* en sus frías y solitarias carreras junto al río.

Todo el mundo entiende que el *musher* de la canción es Aputik y que el niño es Nanuq. Nanuq no puede dejar de sonreír. Está orgulloso de su tío. También está orgulloso de su padre, que marca el ritmo de todo con su pandero.

Detente Piensa Escribe

COMPARAR Y CONTRASTAR

Escribe dos detalles en que la canción que cantan las mujeres refleje la vida real.

____

____

____

Mientras cantan, las mujeres forman un círculo y empiezan a danzar. Danzar ocupa un lugar muy importante en la vida **cultural** de los inuit. No hay dos danzas iguales. Como las canciones, se crean específicamente para cada ocasión. Aputik salta al interior del círculo y comienza a dar golpes con los pies en el suelo al ritmo del pandero. Sus pies trazan círculos, remolinos, y vuelven a golpear el suelo sin dejar nunca de mantener el compás. Nanuq se sorprende de ver el complicado zapateo de su tío.

La danza y el canto al ritmo del pandero continúa por horas. Aun cuando afuera hace 30 °F bajo cero (-34.4 °C), la casa de nieve **retiene** el calor. El interior es cálido y acogedor y la luz amarilla de docenas de faroles arroja sombras contra las paredes. El padre de Nanuq toca cada vez más rápido los dos lados del pandero y el ritmo de la danza se acelera también. Luego el canto termina y el sonido del pandero se desvanece. Lo único que Nanuq oye es el ulular del viento afuera.

Detente Piensa Escribe

VOCABULARIO

¿Por qué es importante que la casa de nieve retenga el calor?

De pronto, golpes de pies contra el suelo y feroces gritos de aliento rompen el silencio. Todos ululan, chillan, aúllan, lanzan alaridos e imitan voces de animales. Se oyen gritos de "¡Buena suerte! ¡Buena suerte!". .Las mujeres se juntan alrededor de Aputik, mientras los hombres se entretienen contándose leyendas sobre antiguas carreras. Nanuq y su madre se abren paso entre la multitud para hablar con Aputik.

—Esta canción era un regalo especial para ti —le dice la madre de Nanuq—. Guárdala en tu corazón. Te guiará en tu camino y te mantendrá a salvo.

Nanuq se ve triste.

—No estaré allí para alentarte —le dice a su tío.

El *musher* sonríe y le pasa al niño la mano por el pelo.

—Es verdad —dice—. Pero estarás en mi corazón. Eres parte de mi canción y eso me traerá buena suerte.

Nanuq mira los ojos oscuros y luminosos de Aputik y sabe que lo que su tío dice es verdad. Nanuq sabe que su tío ganará la carrera, como el valiente *musher* de la canción.

Detente Piensa Escribe

COMPARAR Y CONTRASTAR

Según Nanuq, ¿en qué se parece Aputik al *musher* de la canción?

____

____

____

El Iditarod:
La carrera más larga de la Tierra

- El Iditarod recorre un camino que originalmente era una ruta de distribución del correo.
- La carrera empieza en Anchorage, Alaska, y termina en Nome, en el mismo estado.
- Los equipos de *mushers* y perros tardan entre 9 y 17 días en recorrer el trayecto.

- En 1925, el sendero se usó como carretera para ayudar a salvar la vida de los niños de Nome, que sufrían una enfermedad mortal.
- Si no llegaban los medicamentos, los niños morirían. Equipos de *mushers* y perros transportaron exitosamente el medicamento.
- El Iditarod es un homenaje a los equipos de *mushers* y perros que salvaron la vida de los niños de Nome.

- Aunque las carreras de trineos tirados por perros existen desde hace miles de años, el primer Iditarod propiamente dicho tuvo lugar en 1973. En esa ocasión compitieron treinta y cinco *mushers*.
- El ganador del primer Iditarod terminó la carrera en veinte días. En 2008, el ganador recorrió todo el trayecto en solo nueve días.

Detente Piensa Escribe

COMPARAR Y CONTRASTAR

¿En qué ha cambiado el Iditarod entre 1973 y ahora?

___

___

___

Vuelve a leer y responde

1 ¿En qué se parece o se diferencia el clima del Ártico al del lugar donde tú vives?

Pista
Compara el ambiente que se describe en la página 94 con el clima en el que vives.

2 Menciona tres cosas que hace la gente del pueblo en honor de Aputik.

Pista
Busca pistas en las páginas 96, 97 y 99.

3 ¿Qué siente Nanuq por su tío?

Pista
Busca pistas en las páginas 95, 97, 98 y 99.

4 ¿En qué se parece y en qué se diferencia la celebración que se describe en el cuento de otras celebraciones que conozcas?

Pista
Vuelve a leer el texto. Piensa en celebraciones a las que hayas asistido.

Lección 11

Peligros en el mar

VOCABULARIO CLAVE

creciente
espumoso
estabilizar
estremecedor
sobresalir

Pilotar un barco en el mar puede ser peligroso y estremecedor. La niebla puede impedir ver lo que hay más adelante. Las peñas y los otros barcos pueden verse **estremecedores** y fantasmagóricos en la bruma.

A veces las tormentas forman olas **crecientes** y agua turbulenta y agitada. Cuando se ve la blanca cresta de las olas **espumosas**, ya se sabe que el oleaje viene con toda su fuerza. El capitán que pilota un barco en aguas embravecidas debe **estabilizar** la nave para que no vuelque.

En el siglo XIX, los capitanes de barco no tenían radios ni radares que los ayudaran a navegar. Dependían de que los haces de luz de los faros les anunciaran los peligros que podían esperarlos al aproximarse a la costa. También tenían que tener cuidado de no chocar contra las rocas que **sobresalieran** de la superficie del agua.

1. Una nave puede volcar en aguas turbulentas si el capitán no la ________________.

2. Puedes ver la blanca cresta de las olas ________________.

3. La niebla puede hacer que los barcos y las rocas se vean ________________.

4. Algunos efectos de las tormentas son las aguas turbulentas y las olas ________________.

5. Los barcos pueden dañarse si chocan contra rocas que ________________ de la superficie.

6. ¿Cómo te sentirías si vieras una figura estremecedora en la bruma?

____

____

____

7. Si decimos que hay olas crecientes, ¿qué queremos decir?

____

____

____

¡Grace al rescate!

por Margaret Maugenest

Grace Darling creció en un faro inglés, a principios del siglo XIX. Esta es su historia.

Mi familia era la única habitante de una isla minúscula rodeada por el mar. Éramos solo nosotros cuatro: Mamá, Papá, mi hermanito Willie y yo. Vivíamos en el faro de la isla, un faro de 75 pies de altura.

Las aguas que nos circundaban eran muy peligrosas. Peñas escarpadas **sobresalían** por encima de las olas. Otras se ocultaban justo por debajo de la superficie, como esperando poder despedazar los barcos que pasaran. Muchas naves habían naufragado en nuestras aguas. La gente hablaba de fantasmas que nadaban entre las olas.

Nuestra familia rara vez recibía visitas. ¿Para qué vendría nadie a este solitario y silencioso lugar? A veces, deseaba vivir aventuras. Pero la vida en nuestra isla era serena y simple. Nuestra función principal era mantener encendida la lámpara del faro. Mi padre realizaba su trabajo concienzudamente. Sabía hasta qué punto los navegantes dependían de él.

Detente Piensa Escribe

COMPRENDER A LOS PERSONAJES

¿Qué pensaba Grace de su vida en la isla?

____

____

____

Nuestra vida apacible cambiaría una horrorosa noche de septiembre. Había tormenta. El viento era terrible. Aullaba y silbaba alrededor de los altos muros del faro. Las olas **crecientes** subían cada vez más. Poco después de medianoche, mi padre me pidió que saliera a ayudarlo.

—Tenemos que asegurar nuestras pertenencias, Grace —dijo—. Va a ser una noche feroz.

Afirmándome contra el viento, lo seguí. Atamos nuestro bote de remos. Pusimos cosas dentro. En una tormenta como esa, el viento se llevaría todo lo que no estuviera bien sujeto.

Después volvimos a la seguridad del faro. Mamá y Papá se fueron a dormir, pero yo no podía. La tormenta era demasiado fuerte y violenta.

Alrededor de las 5 de la mañana, subí a lo más alto del faro. Mirando hacia el mar, vi algo. Junto a la Roca Harker se veía una silueta enorme y oscura. Parecía algo extraño y **estremecedor**.

Detente **Piensa** **Escribe**

VOCABULARIO

¿Por qué las peñas podrían verse estremecedoras?

___

___

___

Bajé corriendo las escaleras y desperté a mi padre. Él salió a mirar. Con los primeros rayos de sol, la silueta oscura y sobrecogedora se hizo más clara. Era un barco, ¡un barco grande! Parecía un barco de vapor. La tormenta lo había arrojado contra las rocas. ¡Estaba destrozado, casi partido en dos!

¿Habría sobrevivido alguien?

Al principio, fue difícil saberlo. El cielo todavía estaba gris. La lluvia seguía cayendo con fuerza. Finalmente, con ayuda de un catalejo, pudimos verlos. Apenas unas pulgadas por encima de las olas, se veía gente luchando por asirse a la roca.

En una tormenta como esa, ningún equipo de rescate lograría llegar desde tierra firme. Los supervivientes tenían una única esperanza: nosotros.

—Padre —dije—, tenemos que ayudarlos. No aguantarán mucho más.

Al principio, mi padre no dijo nada. Su expresión era tremendamente seria. Estaba sumido en sus pensamientos. Yo sabía en lo que estaba pensando: nuestro bote.

Detente Piensa Escribe

COMPRENDER A LOS PERSONAJES

¿Cómo sabes que Grace se preocupa por los demás?

Nuestro bote medía unos veinte pies de largo. Normalmente, se necesitaban tres o cuatro remeros para manejar un bote tan grande. En aguas mansas, dos personas podrían dominarlo. Ahora, sin embargo, el mar distaba mucho de estar calmado. Parecía furioso. Fuertes vientos agitaban las olas, que se veían **espumosas**.

Mi hermano menor estaba en tierra firme y mi madre tendría que hacerse cargo del faro, de modo que quedábamos solo dos para remar. Si queríamos rescatar a los pasajeros, mi padre y yo íbamos a tener que hacerlo solos.

—Intentémoslo, Grace —dijo mi padre, rompiendo su silencio—. De lo contrario, seguramente morirán.

Mientras subía al bote, me volví y miré hacia el faro. ¿Acaso volvería a verlo? Noté el miedo en los ojos de mi madre mientras nos veía partir.

Nos lanzamos contra las olas. El viento nos arrojaba lluvia a los ojos. Las olas lanzaban nuestro pequeño bote a un lado y a otro; varias veces estuvimos a punto de volcar. Lo único que podíamos hacer era remar con todas nuestras fuerzas.

Detente Piensa Escribe

COMPRENDER A LOS PERSONAJES

¿Por qué tiene miedo la madre de Grace?

Remé y remé. Traté de no pensar en que el bote podía volcar, ni en el dolor que sentía en las manos. Finalmente, logramos llegar a la Roca Harker. Los nueve supervivientes del naufragio estaban apiñados en la piedra resbaladiza. Pude ver el miedo en sus ojos. Se los veía helados y tristes, pero cuando nos vieron, sus rostros cambiaron. De pronto se llenaron de esperanza.

Mientras ellos trataban desesperadamente de llegar hasta nosotros, mi padre saltó a la roca. Tuvo que alzar los brazos para detenerlos.

—No podemos llevarlos a todos en un solo viaje —gritó. Gritaba porque el bramido del viento era ensordecedor—. Solo podemos llevar a cinco esta vez. Volveremos por los demás.

Mientras cinco de los supervivientes subían al bote, traté de **estabilizarlo** para que no volcara. Por un momento, pensé que nos hundiríamos. Luego mi padre viró el bote hacia nuestra isla. Tres de los pasajeros ayudaron con los remos, así que gobernar el bote fue más fácil que antes.

Detente Piensa Escribe

VOCABULARIO

¿Por qué era importante que Grace estabilizara el bote?

Me eché hacia atrás para descansar. Creo que no habría podido dar una palada más. Cuando llegamos a la isla, ayudé a tres de los pasajeros a bajar a tierra. Mi padre y los otros tres remeros se dirigieron de regreso a la roca para recoger a aquellos que habíamos dejado allí.

Hice entrar al faro a los supervivientes. Estaban temblando y semiahogados después de la noche en la roca. Mi madre los hizo sentar junto al hogar y los cubrió con mantas. Un rato más tarde, mi padre regresó con los otros y comenzamos a hacerlos entrar en calor, igual que a los primeros.

¡Me sentía tan orgullosa de lo que habíamos hecho! Con todo, nunca me habría esperado lo que sucedió después. La noticia sobre el rescate se difundió. Al principio, solo vinieron unos cuantos visitantes. Luego empezó a llegar más y más gente. Eran reporteros, escandalosos y llenos de preguntas. No querían hablar con mi padre. ¡Querían hablar conmigo!

Detente Piensa Escribe

COMPRENDER A LOS PERSONAJES

¿Cómo se siente Grace por lo que hicieron ella y su padre?

Los reporteros estaban sorprendidos. ¿Cómo podía haber remado una muchacha en medio de una tormenta tan feroz?

No me había dado cuenta de que algo así no era habitual. Para mí, remar era parte de la vida en la isla. En cambio, las jóvenes de otros lugares por lo general no remaban. Tuve que responder preguntas un día tras otro. También debí posar mientras algunos artistas pintaban mi retrato. Y seguían llegando visitantes.

¡Pobre Mamá! Se pasaba todo el tiempo manteniendo el faro limpio y ordenado. Le preocupaba que viniera alguien ilustre y encontrara la casa hecha un desastre.

Mi padre se quejaba de que la isla estaba ahora demasiado concurrida.

—A veces hasta desearía no haber rescatado a esa gente —decía.

Yo sabía que bromeaba. Él sentía lo mismo que yo. Si tienes oportunidad de salvar una vida, debes hacerlo, incluso si hacerlo cambia la tuya para siempre.

Detente **Piensa** **Escribe**

CAUSA Y EFECTO

¿En qué sentido la vida en la isla hace que Grace sea distinta de las jóvenes de otros lugares?

____

____

____

Vuelve a leer y responde

1 ¿Qué tipo de persona es Grace?

Pista
¡Encontrarás pistas en casi todas las páginas!

2 ¿Por qué duda el padre de Grace antes de decidir sacar el bote y tratar de rescatar a los supervivientes?

Pista
Busca pistas en las páginas 106 y 107.

3 ¿Por qué los reporteros le prestan tanta atención a Grace?

Pista
Busca pistas en la página 110.

4 ¿Cómo cambia el rescate la vida de Grace?

Pista
Busca pistas en las páginas 104 y 110.

Lección 12

VOCABULARIO CLAVE

agradar
endeble
envolver
fallar
ondular

Globos aerostáticos

1 Hasta la valentía del más osado **fallaría** ante la idea de dar la vuelta al mundo en un globo aerostático. Y sin embargo, desde hace más de un siglo, la gente ha superado sus dudas y temores y ha intentado hacer precisamente eso.

¿Ante qué tipo de viaje fallaría tu valentía?

____

____

____

2 En 1783, los hermanos Montgolfier construyeron un globo utilizando una seda muy liviana, papel y una canasta. Quienquiera que los observara habría pensado que estaban locos por confiar en una embarcación tan **endeble**. Sin embargo, el globo logró recorrer una distancia de algo más de una milla.

Nombra un objeto que parezca endeble, pero sea sorprendentemente fuerte. Explica tu respuesta.

____

____

____

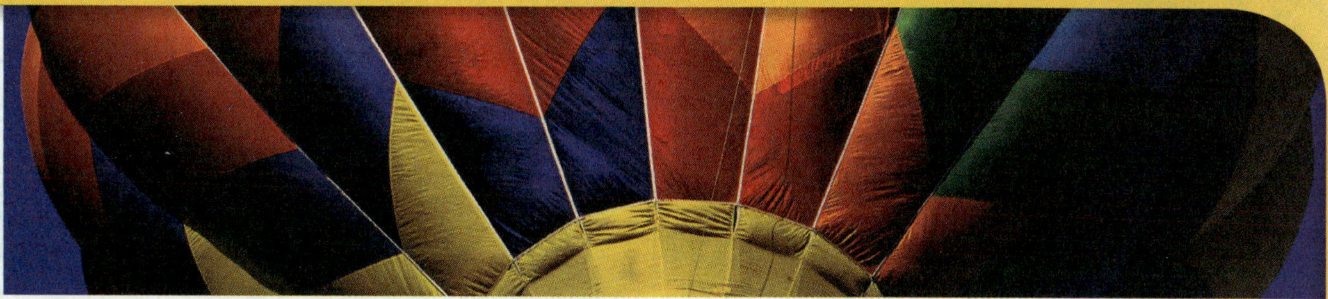

3 La multitud observaba cómo el globo **ondulaba** en la brisa. Subía y bajaba lentamente con un movimiento muy suave.

¿Qué otras cosas conoces que puedan ondular?

4 A medida que un globo va subiendo, puede suceder que las nubes lo **envuelvan**. Pero más arriba, es probable que el globo traspase las nubes y encuentre la luz del sol.

¿Cuál es un sinónimo de envolver?

5 Aquellos a quienes les **agrada** la libertad de flotar en el aire, pueden hacer breves viajes en globo en algunos recintos feriales.

Menciona alguna actividad que hayas hecho este año y que te agrade.

Pilotos de altura

por Carol Alexander

En las altas montañas de Suiza, dos hombres observaban el cielo. Su nave, el *Breitling Orbiter III*, se mecía en el viento. El tiempo había estado inestable. Por fin, el equipo de tierra les dio el visto bueno.

Bertrand Piccard se volvió hacia su copiloto, Brian Jones, y le dijo:

—Creo que es hora.

Los reporteros rodearon el *Breitling Orbiter III*. La multitud estaba entusiasmada.

—¡Si este vuelo resulta exitoso, Piccard y Jones habrán hecho historia! —exclamó una reportera en el micrófono—. ¡Estos dos hombres intentarán dar la vuelta al mundo en globo!

La gente había tratado de hacer esto por años, desde que Julio Verne escribió la idea en su novela *La vuelta al mundo en ochenta días.*

Detente Piensa Escribe

ESTRUCTURA DEL CUENTO

¿Qué está esperando la multitud?

____

____

____

Otro reportero agregó:

—¡Es verdad! Todos los intentos anteriores fracasaron, pero tal vez este globo lo logre. Mírenlo. ¡Es casi tan alto como la Estatua de la Libertad! Las capas exteriores del globo **envuelven** otra cámara interior que contiene helio, un gas más liviano que el aire. Rodeando la cámara de helio, hay aire regular. Los pilotos van a calentar el aire para hacer ascender el globo.

—¿Piccard no lo intentó antes? —preguntó un observador.

—Sí, en realidad, ya lo intentó dos veces. A lo mejor, ¡la tercera es la vencida! —dijo el reportero.

El viaje no sería fácil, pero a Bertrand Piccard la aventura le corría por las venas. Su abuelo había sido un aficionado a los globos aerostáticos. Su padre había explorado las profundidades del mar. Era una familia de aventureros.

Detente Piensa Escribe

PROPÓSITO DEL AUTOR

¿Por qué menciona la autora los vuelos anteriores que no resultaron exitosos?

La valentía de Piccard no iba a **fallar**. Jones y él se confiarían a los vientos y a la tripulación de tierra. La tripulación de tierra era una parte muy importante del equipo. Sus miembros se encargarían de informar a Piccard y a Jones de las condiciones climáticas, y de asegurar que los distintos países del mundo que el globo sobrevolaría dieran su autorización para que lo hiciera.

El despegue fue muy suave. El globo **ondulaba** en el viento. Piccard y Jones pusieron rumbo al Sur, en dirección a Marruecos. No podían conducir la nave, pero sí podían hacerla subir y bajar usando quemadores de propano para calentar el gas. Tenían que tener cuidado de no usar demasiado propano, para no quedarse sin nada antes de terminar el viaje.

El globo sobrevoló nubarrones y cimas de montañas. Después de llegar a Marruecos, se dirigió al este atravesando el desierto del Sáhara. Entonces los hombres se encontraron con el primer problema del viaje. La República de Yemen se negó a darles permiso para volar por su espacio aéreo. Piccard y Jones tal vez tuvieran que aterrizar.

Detente **Piensa** **Escribe**

VOCABULARIO

¿Qué quiere decir la autora cuando dice "La valentía de Piccard no iba a fallar"?

____

____

____

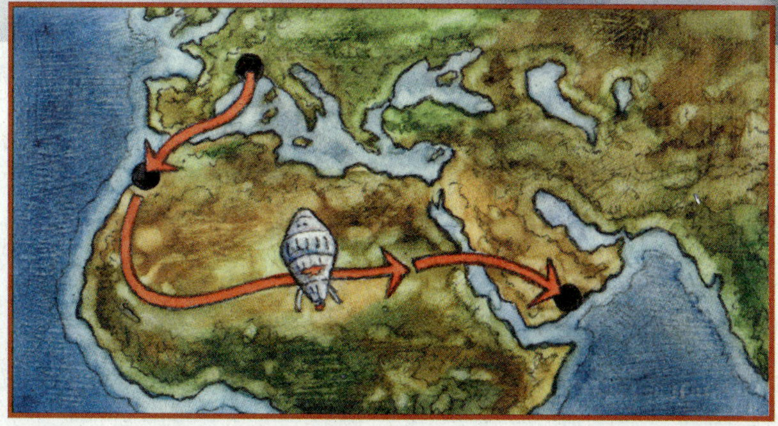

En ese momento, y todavía en el aire, Piccard y Jones se dieron cuenta de lo **endeble** que en verdad era su nave. El ejército de Yemen podría intentar dispararles. Sin embargo, tuvieron suerte, y atravesaron la región sin sufrir ningún daño.

Otro globo que había salido a circunvalar el mundo dos semanas antes no había sido tan afortunado. Sus tripulantes se habían visto obligados a aterrizar en el mar debido a que se había acumulado hielo en la superficie de la nave. Cuando la tripulación de tierra les dio la noticia del aterrizaje forzoso, Piccard y Jones se preocuparon. Aunque el otro globo ya no significaba rival para ellos, los pilotos eran amigos suyos. De modo que se alegraron mucho al saber que habían sido rescatados y que estaban a salvo.

Más problemas surgieron para el *Breitling Orbiter* cuando se acercaba a China. El control de tráfico aéreo chino no quería que el globo transitara su espacio aéreo.

—¡Pero si nos llevó más de un año conseguir el permiso para esta parte del viaje! —protestó Piccard.

Detente Piensa Escribe

VOCABULARIO

¿Qué hizo que Piccard y Jones se dieran cuenta de que su globo era realmente endeble?

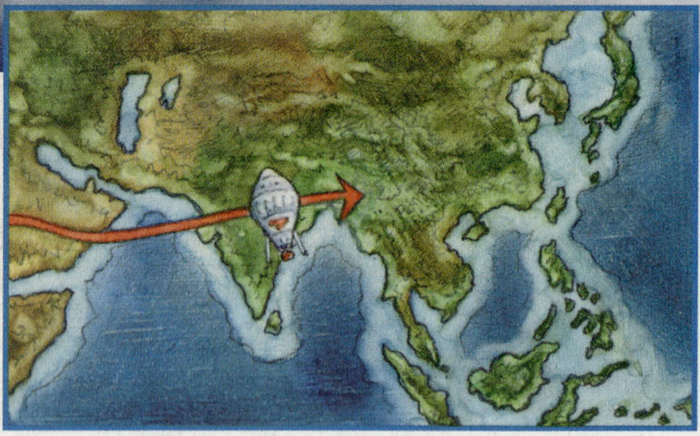

Los días que siguieron fueron de mucha tensión. ¿Haría China detener el globo? En tierra nadie sabía cómo volaba un globo. No podía pilotarse como un avión. Los pilotos de globos no podían predecir un trayecto exacto. La diferencia de idiomas también dificultaba las cosas.

Una semana después, el globo abandonaba la costa china. A continuación cruzaría el Océano Pacífico. Esa parte del trayecto sería más larga que todo lo que habían recorrido hasta entonces. También sería muy peligrosa, porque no tendrían dónde aterrizar.

Piccard escribió en su diario: "Esta es exactamente mi definición de aventura... Hay que buscar muy dentro de uno mismo para encontrar la valentía y los recursos para enfrentarse a lo que surja."

Los dos pilotos pronto tuvieron que tomar una decisión. Las nubes del norte podrían matarlos, pues muy probablemente la temperatura desestabilizaría el globo. Pero dirigirse al sur le sumaría unas mil millas más al viaje. ¿Tendrían suficiente combustible?

Detente Piensa Escribe

ESTRUCTURA DEL CUENTO

¿Por qué podría ser peligroso el trayecto a través del Pacífico?

En dirección al sur, el clima se volvió severo. Los pilotos se elevaron muy por encima de las nubes para tratar de evitarlo. El aire en la cabina se puso helado. Piccard y Jones se pusieron toda la ropa que llevaban. Dormían en tres sacos de dormir. Se hacía muy difícil respirar en esas condiciones.

La tripulación de tierra les recomendó que usaran oxígeno. El oxígeno los ayudó, pero se encontraron con otro problema: el globo se estaba quedando sin combustible. Allí estaban los dos, en el tramo final del viaje. ¿Se animarían a sobrevolar el Océano Atlántico? ¿Deberían tratar de aterrizar, o seguir intentándolo?

—La única manera de fracasar es abandonar la empresa, de modo que ¡no vamos a abandonarla! —dijo Piccard.

En tierra, los reporteros suizos seguían el suceso de cerca. ¿Harían historia Piccard y Jones? ¿O se verían obligados a desistir?

Detente Piensa Escribe

CAUSA Y EFECTO

¿Por qué los pilotos tuvieron que plantearse si cruzar o no el Océano Atlántico?

El cruce del Atlántico resultó un éxito. Pero cuando el globo se dirigía hacia el continente africano, el radiorreceptor dejó de funcionar. Después de tres semanas de mala comida, aire viciado y falta de espacio, los pilotos habían perdido contacto con la tripulación de tierra.

A millas de distancia de la Tierra, Piccard y Jones ni siquiera se dieron cuenta de que habían logrado su meta. Habían dado la vuelta al mundo. Piccard halló una extraña belleza al cruzar el desierto. Tanto le **agradó** la vista que le dijo a Jones:

—Ver el desierto desde aquí hace que todo lo demás haya valido la pena. El cielo estrellado y la arena allá abajo me parecen verdaderamente mágicos.

Así que por fin aterrizaron en el desierto egipcio. En infinitas millas de arena esperaron al equipo de rescate. Una reportera, emocionada, les preguntó:

—¿Llevaron algo que les diera suerte?

—Sí, un libro que alguna vez perteneció a Julio Verne —le respondió Brian Jones.

Detente **Piensa** **Escribe**

ESTRUCTURA DEL CUENTO

¿Por qué Piccard y Jones no se dieron cuenta de que habían terminado de dar la vuelta al mundo?

Vuelve a leer y responde

1 **¿Cómo describirías a Bertrand Piccard?**

Pista
Busca pistas en las páginas 115, 116, 118 y 119.

2 **¿Cómo va cambiando el ambiente a lo largo del relato?**

Pista
Encontrarás pistas en casi todas las páginas.

3 **¿Qué peligro atravesó la tripulación cuando sobrevolaba Yemen?**

Pista
Busca pistas en las páginas 116 y 117.

4 **¿Por qué Piccard y Jones llevaron con ellos un libro que había pertenecido a Julio Verne?**

Pista
Busca pistas en las páginas 114 y 120.

Lección 13

VOCABULARIO CLAVE

culminación
extensión
gélido
preparar
sacrificar

La exploración de los Polos

1 A principios del siglo XX, muchos exploradores viajaron al Ártico. Algunos trataron de llegar al Polo Norte. Llegar al Polo sería la **culminación** del sueño de un explorador del Ártico. No habría logro mayor que ese.

Escribe un sinónimo de culminación.

2 El Ártico era una vasta **extensión** de hielo y mares helados. A fines del siglo XIX y principios del XX, los exploradores trataron de reconocer y cartografiar este inmenso territorio. Algunos incluso navegaron hacia el Sur para explorar la Antártida.

Menciona y describe una extensión de tierra que haya en tu estado o comunidad.

3 Los primeros exploradores del Ártico se enfrentaron a un clima **gélido**. Las temperaturas del invierno en el Ártico rondaban los -30 °F (-34 °C). En la Antártida, el clima era aún más frío.

¿Cuál es el clima más gélido que hayas experimentado jamás? ¿Cómo te afectó?

____

____

____

4 Los exploradores debían entrenarse para el riguroso clima de ambos Polos. **Se preparaban** haciendo ejercicio a grandes altitudes y practicando montañismo en regiones frías y cubiertas de nieve.

¿Cómo pueden prepararse los corredores para una gran carrera?

____

____

____

5 Los primeros exploradores del Polo **sacrificaban** mucho. Algunos contrajeron grandes deudas para pagar sus viajes. También soportaron dolores y penurias en el clima duro y frío. La mayoría de los exploradores sentían que el logro de llegar al Polo Norte o Sur bien valía tantas dificultades.

Recuerda alguna vez en la que hayas sacrificado algo. ¿Por qué hiciste ese sacrificio?

____

____

____

La carrera hasta el Polo Sur

por Duncan Searl

Roald Amundsen no podía creer la noticia. Los exploradores estadounidenses Robert Peary y Matthew Henson acababan de llegar al Polo Norte. Era algo desastroso para Amundsen.

Durante dos años, había planificado con todo cuidado su propio viaje al Polo Norte. Su nave, de nombre *Fram*, estaba equipada para el viaje al Ártico. La tripulación estaba lista. Hasta tenía perros de trineo.

Había sido un gran esfuerzo **prepararse** para el viaje, pero Amundsen ya no veía ninguna razón para ir. No quería ser la segunda persona que llegara al Polo Norte. No había ningún mérito en ello. Tampoco le depararía riquezas; y eso era importante. Para pagar su viaje, Amundsen había planeado escribir un libro sobre la hazaña de ser el primero en llegar al Polo.

De pie en la cubierta del *Fram*, este explorador noruego de treinta y ocho años de edad se volvió lentamente. Había estado todo el tiempo mirando al norte. Ahora miraba en dirección al sur: "Tal vez haya otro modo", pensó.

Detente Piensa Escribe

IDEA PRINCIPAL Y DETALLES

¿Por qué el éxito de Robert Peary era algo desastroso para Roald Amundsen?

Cambio de planes

La primera persona que llegara al Polo Sur también disfrutaría de fama y de gloria. Varios exploradores lo habían intentado, pero todos habían fracasado. Roald Amundsen tomó una rápida decisión. En vez de navegar hacia el extremo norte del mundo, navegaría hacia el extremo sur.

El *Fram* partió de Oslo, Noruega, en junio de 1910. Los marineros pensaban que estaban yendo en dirección norte, hacia el Ártico. Una vez en alta mar, supieron la verdad. Su verdadero destino era la Antártida, es decir ¡12,000 millas al sur!

Amundsen se había enterado de que otro explorador también se estaba dirigiendo a la Antártida. En 1902, Robert Scott, de Gran Bretaña, había fracasado en su intento de llegar al Polo Sur. Ahora estaba intentándolo de nuevo. ¿Lograría esta vez llegar al Polo Sur antes que Amundsen?

El plan de Amundsen pronto llegó a los periódicos. Los reporteros escribieron artículos sobre las dos expediciones. La gente lo tomó como una competencia entre Gran Bretaña y Noruega. ¡La carrera hasta el Polo Sur había comenzado!

Detente Piensa Escribe

IDEA PRINCIPAL Y DETALLES

¿Por qué Robert Scott era un problema para Roald Amundsen?

____

____

____

Invierno en la Antártida

El 11 de enero de 1911, el *Fram* llegó a la Plataforma de hielo de Ross, en la Antártida. Esta **extensión** de hielo está a a 760 millas del Polo Sur. Los noruegos construyeron una cabaña. Desembarcaron sus provisiones y sus perros. Solo siete hombres se quedaron con Amundsen. Los otros partieron hacia Argentina antes de que el hielo bloqueara la nave.

Empezó un largo invierno. Habría seis meses de total oscuridad. Dentro de la cabaña, los exploradores se preguntaban qué encontrarían más adelante. Viajarían por territorio sin explorar para llegar al Polo Sur. No sabían qué obstáculos encontrarían.

En agosto, por fin volvió la luz del sol. Sin embargo, en septiembre, la temperatura todavía era de unos **gélidos** -63 °F. (-53 °C). Amundsen y su equipo tuvieron que esperar otro mes a que estuviera lo suficientemente cálido para viajar.

Robert Scott y su grupo pasaron el invierno a 400 millas al oeste de donde se asentó Amundsen. Ellos no tenían que preocuparse por su ruta. En un viaje anterior, unos exploradores ingleses habían llegado a 100 millas del Polo Sur. El Capitán Scott pensaba seguir ese mismo camino esta vez.

Detente **Piensa** **Escribe**

VOCABULARIO

¿Por qué el clima gélido era un problema para los exploradores?

____

____

____

En camino al Polo Sur

El 20 de octubre, Roald Amundsen y cuatro compañeros cargaron sus trineos, se ataron los esquís e iniciaron la marcha. A pesar de las fuertes nevadas, los noruegos avanzaron mucho por la plataforma de hielo. A veces, los perros tenían incluso que tirar de los trineos con los hombres en ellos.

A la distancia, sin embargo, acechaba un problema. Se empezaba a divisar la cordillera de la Reina Maud. Estos altos picos bloqueaban el camino de Amundsen, pues el Polo Sur se encontraba en una meseta al otro lado de las montañas.

El Capitán Scott no inició su trayecto hasta el 3 de noviembre. Su expedición era numerosa, con dieciséis hombres, trece trineos, veintitrés perros y diez ponis. El grupo de Scott se desplazaba lentamente. Dos de los trineos eran a motor, pero se rompieron. Los ponis tenían problemas para caminar en el hielo y hacían retrasar la marcha de los trineos. Y aún peor, una tormenta de nieve hizo detener al equipo por cinco días.

Detente Piensa Escribe

COMPARAR Y CONTRASTAR

¿En qué se diferenciaba la expedición de Robert Scott de la de Roald Amundsen?

___

___

___

Un camino difícil

Cerca de las montañas, Roald Amundsen divisó un extenso montículo de hielo. Un glaciar de 10,000 pies de altura se había formado entre dos picos. Subir por esa empinada loma de hielo era la única manera de pasar al otro lado de las montañas.

La travesía por el glaciar llevó varios días. Se necesitaron dos equipos de perros para tirar de cada trineo. Los exploradores también se vieron obligados a empujar los trineos. Grandes y profundas grietas en el hielo hacían la escalada aún más peligrosa.

En la cima del glaciar, el equipo noruego enterró provisiones para su viaje de regreso. Luego, **sacrificaron** a sus perros más débiles para obtener alimento. Fue un hecho muy triste, pero necesario para sobrevivir.

Algo más al oeste, Robert Scott también se topó con un glaciar. Antes de escalarlo, sacrificó a sus ponis para obtener alimento. Después mandó a todos los perros y los trineos vacíos de vuelta al campamento base.

El glaciar que encontró Scott no era tan empinado como el de Amundsen. Sin embargo, la escalada fue agotadora. Sin perros, los exploradores tenían que arrastrar sus pesados trineos. Uno de los miembros del equipo cayó en un profundo pozo en el hielo. Scott llegó a la cumbre del glaciar el 25 de diciembre de 1911.

Detente Piensa Escribe

VOCABULARIO

¿Por qué los exploradores sacrificaron a los perros y los ponis?

Y finalmente... ¡el éxito!

Una vez que pasaron el glaciar, Amundsen y sus hombres esquiaron en dirección al Sur. Solo 250 millas de camino llano los separaban de su meta. Todos los días buscaban huellas de los ingleses. ¿Se les habría adelantado el Capitán Scott?

El 13 de diciembre de 1911, los exploradores se encontraban a solo quince millas del Polo Sur. Una empresa planeada a lo largo de años estaba por llegar a su **culminación**. Amundsen estaba demasiado ansioso para dormir. Preparándose para llegar al Polo Sur, ató una bandera noruega a uno de sus palos de ski.

Al día siguiente, Amundsen clavó la bandera a 90° Sur: el Polo Sur. Los exploradores pasaron dos días explorando el terreno alrededor de ese punto. Hicieron mediciones y observaron el Sol. Tomaron todas las medidas posibles para asegurarse de que estaban en el lugar correcto.

El Capitán Scott, claro está, estaba más retrasado que Amundsen. Los exploradores ingleses no llegaron al Polo Sur hasta el 17 de enero de 1912. Allí vieron la bandera noruega. "Fue una enorme desilusión", escribió Scott.

Detente Piensa Escribe

IDEA PRINCIPAL Y DETALLES

¿Qué hizo Roald Amundsen para asegurarse de que realmente había llegado al Polo Sur?

____

____

____

De regreso

Para Amundsen, el viaje de regreso se desarrolló sin problemas. El tiempo continuó soleado. Los perros ayudaron a tirar de los esquiadores. Una vez que descendieron el glaciar, la tripulación se desplazó rápidamente por la plataforma de hielo. El *Fram* los estaba esperando. El 25 de enero de 1912, los exploradores subieron a bordo.

Amundsen navegó hacia Sudamérica. Allí, publicó notas sobre su viaje. Más adelante recorrería el mundo dando charlas. También escribió un *best seller*. Amundsen ganó suficiente dinero para pagar su expedición y también para costear muchas otras aventuras.

Trágicamente, Robert Scott nunca regresó de la Antártida. En su viaje de regreso, hubo una tormenta de nieve. Para entonces, los exploradores ingleses estaban exhaustos de tirar de sus trineos. Trataron de esperar en una tienda a que pasara la tormenta, pero se quedaron sin provisiones y sin combustible.

Roald Amundsen y Robert Scott desafiaron valientemente un clima glacial y un territorio desconocido para llegar al Polo Sur. Sus logros alentaron a otros a continuar la exploración de la Antártida. Cada año, los científicos van aprendiendo más y más acerca de este importante continente.

Detente Piensa Escribe

IDEA PRINCIPAL Y DETALLES

¿Por qué Robert Scott y su equipo no regresaron de su expedición al Polo Sur?

____

____

____

Vuelve a leer y responde

1 En pocas oraciones, resume el texto.

Pista
En tu respuesta, incluye solo la información más importante.

2 En 1910, Roald Amundsen decidió de pronto ir al Polo Sur y no al Polo Norte. ¿Qué factores influyeron en esta decisión e hicieron posible el viaje?

Pista
Busca pistas en las páginas 124 y 125.

3 ¿Por qué piensas que fue Roald Amundsen, y no Robert Scott, quien ganó la carrera al Polo Sur?

Pista
Busca pistas en las páginas 127, 128 y 129.

4 ¿Qué te parece que haría alguien como Roald Amundsen en el mundo actual? Explica tu respuesta.

Pista
Piensa en qué tipo de persona era Amundsen.

Lección 14

VOCABULARIO CLAVE

emular
escéptico
motivo
objetivo
subestimación

Más que maestros

Hay maestros que hacen mucho más que enseñar. Su entusiasmo y curiosidad los transforman en modelos para sus estudiantes. Los estudiantes a menudo (1) ____________________ a sus maestros esforzándose y mostrando interés en sus estudios. El primer (2) ____________________ de un maestro es que sus estudiantes sigan queriendo aprender a lo largo de toda la vida.

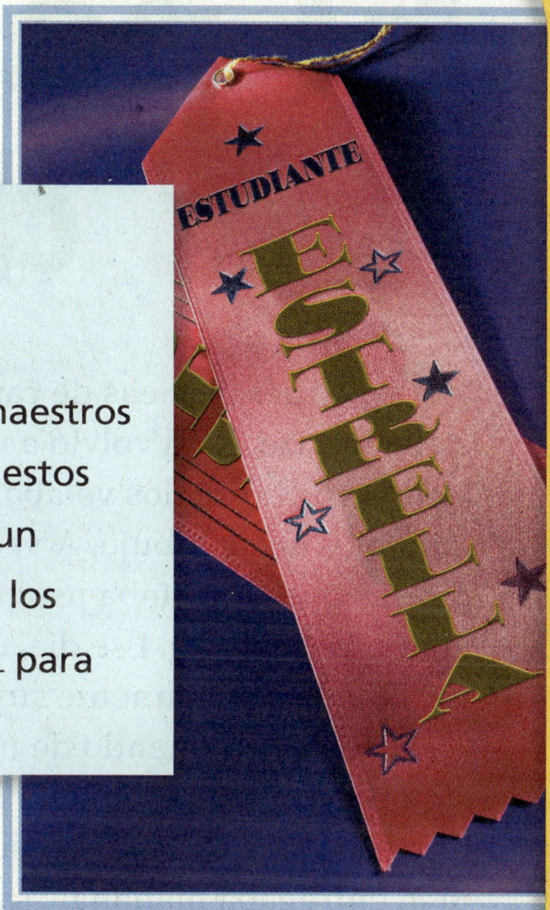

Algunos estudiantes son
3 ____________________ acerca de su
habilidad para ser buenos alumnos. Los maestros pueden ofrecer un premio para animar a estos estudiantes a esforzarse un poco más en un proyecto o un examen. El premio les da a los estudiantes un 4 ____________________ para estudiar más y hacer un buen trabajo.

Un maestro organizó una fiesta de pizzas para los estudiantes que habían mostrado mayor progreso. Sería una 5 ____________________ decir que los ganadores se alegraron. ¡Estaban verdaderamente encantados!

El paisaje de Raúl

por Mia Lewis

Gruesas líneas de carboncillo atravesaban la página hasta un cielo cobrizo. Raúl volvió a mirar el paisaje urbano desde la ventana de su cuarto. Sus dedos volaban sobre el papel mientras agregaba detalles y reflejos en su dibujo. A veces Raúl trataba de **emular** el color y las figuras que le gustaba usar a su maestra de arte, la Sra. Hernández. Ese día, en cambio, el estilo de su dibujo era totalmente suyo.

Se estaba haciendo de noche, pero Raúl siguió trabajando. Tenía un **motivo** muy importante para terminar su dibujo. Si lo entregaba mañana y salía elegido como uno de los cinco mejores dibujos de la escuela, su obra participaría en la feria de arte del distrito.

Raúl agregó unos toques finales al dibujo y luego le echó una mirada apreciativa. No veía la hora de saber qué le parecía su trabajo a la Sra. Hernández. Presentía que le iba a gustar.

Detente Piensa Escribe

VOCABULARIO

¿Cómo podría Raúl emular a su maestra de arte?

____

____

____

—Raúl, ¿terminaste tu tarea? —le preguntó su mamá—. Es hora de acostar a los mellizos.

La mamá de Raúl entró al cuarto con un niño en pijama a cada lado de la cadera. Raúl llamaba a los mellizos "doble peligro" porque siempre estaban haciendo alguna travesura. En ese momento, tenían demasiado sueño para causar ningún problema. Raúl y su mamá arroparon a José y a Luis, cada cual en su cuna. Luego Raúl terminó su tarea y se fue a dormir.

A la mañana siguiente, Raúl pensó en cómo podía hacer para llevar el dibujo a la escuela sin que se le doblara o arrugara.

—¿Y si usaras el tubo del papel de envolver? —sugirió la mamá—. Está en mi cuarto.

Raúl confirmó que los mellizos estaban entretenidos antes de correr al cuarto de su madre para buscar el tubo. Cuando volvió, no podía creer lo que veía: los mellizos habían agarrado su dibujo y lo estaban cubriendo de garabatos.

Detente **Piensa** **Escribe**

PROPÓSITO DEL AUTOR

¿Qué propósito podría tener la autora para incluir el apodo que Raúl les había puesto a los mellizos?

____

____

____

—¡Oh, no! —gritó Raúl, arrancándoles de las manos a los mellizos su dibujo y los lápices de carbón—. ¡Mamá, me arruinaron el dibujo! ¡Qué desastre!

—Tranquilízate —le dijo la mamá suavemente—. ¿Era una tarea especial? Seguramente tu maestra te va a comprender si le explicas lo que pasó.

—¡Una tarea especial! —exclamó Raúl—. ¡Eso es una **subestimación**! Ese dibujo era mi única oportunidad de salir elegido para la feria de arte del distrito. Si el dibujo no participa en la feria del distrito, tampoco podrá participar en la feria de arte del estado.

La mamá le dijo que estaba segura de que todo se arreglaría en cuanto le explicara a la Sra. Hernández lo que había pasado. Raúl no estaba tan seguro. En el camino a la escuela se sintió deprimido. Sus amigos también habían hecho dibujos pero, para ellos, la feria de arte era solo un entretenimiento. Para Raúl, la feria de arte era como las Series Mundiales. Él estaba en el puesto más alto de la liga ¡y listo para las finales!

Detente **Piensa** **Escribe**

PROPÓSITO DEL AUTOR

¿Qué quiere decir la autora cuando dice que Raúl estaba en el puesto más alto de la liga y listo para las finales?

—Raúl, ¿terminaste tu tarea? —le preguntó su mamá—. Es hora de acostar a los mellizos.

La mamá de Raúl entró al cuarto con un niño en pijama a cada lado de la cadera. Raúl llamaba a los mellizos "doble peligro" porque siempre estaban haciendo alguna travesura. En ese momento, tenían demasiado sueño para causar ningún problema. Raúl y su mamá arroparon a José y a Luis, cada cual en su cuna. Luego Raúl terminó su tarea y se fue a dormir.

A la mañana siguiente, Raúl pensó en cómo podía hacer para llevar el dibujo a la escuela sin que se le doblara o arrugara.

—¿Y si usaras el tubo del papel de envolver? —sugirió la mamá—. Está en mi cuarto.

Raúl confirmó que los mellizos estaban entretenidos antes de correr al cuarto de su madre para buscar el tubo. Cuando volvió, no podía creer lo que veía: los mellizos habían agarrado su dibujo y lo estaban cubriendo de garabatos.

Detente Piensa Escribe

PROPÓSITO DEL AUTOR

¿Qué propósito podría tener la autora para incluir el apodo que Raúl les había puesto a los mellizos?

____

____

____

—¡Oh, no! —gritó Raúl, arrancándoles de las manos a los mellizos su dibujo y los lápices de carbón—. ¡Mamá, me arruinaron el dibujo! ¡Qué desastre!

—Tranquilízate —le dijo la mamá suavemente—. ¿Era una tarea especial? Seguramente tu maestra te va a comprender si le explicas lo que pasó.

—¡Una tarea especial! —exclamó Raúl—. ¡Eso es una **subestimación**! Ese dibujo era mi única oportunidad de salir elegido para la feria de arte del distrito. Si el dibujo no participa en la feria del distrito, tampoco podrá participar en la feria de arte del estado.

La mamá le dijo que estaba segura de que todo se arreglaría en cuanto le explicara a la Sra. Hernández lo que había pasado. Raúl no estaba tan seguro. En el camino a la escuela se sintió deprimido. Sus amigos también habían hecho dibujos pero, para ellos, la feria de arte era solo un entretenimiento. Para Raúl, la feria de arte era como las Series Mundiales. Él estaba en el puesto más alto de la liga ¡y listo para las finales!

Detente Piensa Escribe

PROPÓSITO DEL AUTOR

¿Qué quiere decir la autora cuando dice que Raúl estaba en el puesto más alto de la liga y listo para las finales?

____

____

____

En cuanto llegó a la escuela, Raúl fue a ver a la Sra. Hernández. Desenrolló el dibujo arruinado y le contó lo que había pasado. La Sra. Hernández se veía tan desilusionada como Raúl.

—Raúl —le dijo— ¿no te dicho siempre que hay que aprender a superar los problemas? Ya has aprendido a no abandonar un dibujo hasta que te salga bien y no quiero que abandones este tampoco. Eres un artista de talento y mi **objetivo** es lograr que participes en la feria de arte del distrito.

—Creo que hay una manera de que aún puedas entrar en el concurso —continuó la Sra. Hernández—. Esta tarde, después de clase, el Sr. Wang, nuestro director, y yo vamos a elegir los cinco mejores dibujos de cada grado. Vamos a llevar los ganadores al Instituto de Arte de Chicago, donde se exhibirán junto a los ganadores de otras escuelas. Si puedes traernos otro paisaje antes de que empecemos a considerar a todos nuestros postulantes, podremos evaluar también tu obra.

Detente Piensa Escribe

VOCABULARIO

¿Te parece que Raúl comparte el objetivo de la Sra. Hernández? Explica tu respuesta.

____

____

____

La Sra. Hernández siempre había alentado a Raúl y él había aprendido mucho desde que ella era su maestra. Lo hacía sentir bien saber que ella creía en él, pero todavía se sentía **escéptico**. ¿Cómo podría terminar otro dibujo en solo un día de clase?

Raúl dedicó a su dibujo cada minuto libre que encontró durante el día. La Sra. Hernández le preparó una mesa, y él trabajó allí mientras picaba algo en el almuerzo y durante los recesos. La Sra. Hernández incluso tramitó un permiso para que Raúl faltara a la clase de gimnasia y pudiera pasar más tiempo trabajando en su dibujo. (Él prometió recuperar la clase al día siguiente). Su paisaje estaba empezando a tomar forma de nuevo, ¡pero tan lentamente!

Muy pronto sonó la campana que anunciaba el fin del día escolar. Raúl corrió al salón de artes y siguió dibujando. Luego apareció el Sr. Wang. Era hora de que el jurado empezara su trabajo. El paisaje de Raúl estaba tan cerca de estar terminado que daba pena pensarlo. Raúl se dio vuelta y se enjugó unas lágrimas.

Detente Piensa Escribe

PROPÓSITO DEL AUTOR

¿Cómo muestra la autora que la Sra. Hernández es una persona importante para Raúl?

____

____

____

El Sr. Wang y la Sra. Hernández estudiaron todos los dibujos y hablaron por lo bajo entre ellos antes de volver a la mesa donde esperaba Raúl.

—Aun cuando tu paisaje no está terminado, sigue siendo uno de los mejores dibujos de la escuela —dijo el Sr. Wang—. ¿Te parece que podrías terminarlo y traerlo al Instituto de Arte esta noche antes de las nueve?

Raúl no cabía en sí de alegría.

—¡No voy a abandonar ahora! —dijo—. Voy a hacer todo lo posible por estar allí a tiempo.

Les agradeció a sus maestros, enrolló su dibujo y se dirigió a su casa tan rápido como pudo. Corrió a su cuarto y trabajó sin descanso hasta que el dibujo estuvo terminado.

Ahora, solo faltaba que él y su papá pudieran llegar al Instituto de Arte antes de las nueve en punto. Eran las ocho pasadas. La mamá de Raúl estaba en clase. Eso significaba que dos niñitos gruñones y somnolientos tendrían que cruzar la ciudad con ellos.

Detente **Piensa** **Escribe**

INFERIR Y PREDECIR

¿Cómo te parece que se sentiría Raúl cuando él y su papá salieron hacia el Instituto de Arte?

___

___

___

Raúl ayudó a su papá a subir el cochecito doble hasta el andén del E1. Tuvieron que esperar bastante hasta que finalmente el tren entró en la estación. Raúl no dejaba de mirar el reloj. El viaje parecía durar una eternidad. Cuando por fin llegaron a la escalinata de entrada del Instituto, eran las nueve menos tres minutos. El padre le hizo una seña a Raúl para que se adelantara.

—Ve, Raúl, todavía los pescas —lo animó, mientras Raúl subía volando por los escalones de a dos por vez.

La Sra. Hernández sonrió cuando lo vio llegar.

—Cómo me alegra que hayas llegado a tiempo —le dijo. Raúl desenrolló el dibujo con todo cuidado y se lo entregó. Ella lo miró por un rato y luego dijo:

—¡Qué bueno que hayas seguido adelante! Creo que es el mejor dibujo que has hecho hasta ahora.

Raúl sonrió con orgullo. Miró su dibujo y se dio cuenta de que su maestra tenía razón.

—Nunca lo habría hecho si usted no me hubiera alentado a seguir —le respondió Raúl—. Aún no empezó el concurso ¡y ya me siento todo un ganador!

Detente **Piensa** **Escribe**

INFERIR Y PREDECIR

¿Por qué dice Raúl que ya se siente todo un ganador?

____

____

____

Vuelve a leer y responde

1 ¿Cuál es el mensaje más importante que plantea la autora en este cuento? Explica tu respuesta.

Pista
Busca pistas en las páginas 137 y 140. ¿Qué consejo le da la Sra. Hernández a Raúl?

2 ¿Cómo muestra la autora que Raúl se toma el dibujo muy en serio?

Pista
Encontrarás pistas en casi todas las páginas.

3 Vuelve a leer el último párrafo de la página 138. ¿Por qué Raúl se da vuelta y se enjuga las lágrimas?

Pista
Piensa cómo te sentirías si fueras Raúl.

4 ¿Por qué el Sr. Wang y la Sra. Hernández deciden incluir el dibujo de Raúl entre los ganadores?

Pista
Busca una pista en la página 139.

Lección 15

VOCABULARIO CLAVE

ascenso
lunar
opción
peligroso
suspender

Conducir en la Luna

1 Algunas de las misiones Apolo llevaron Rovers **lunares**. Estos vehículos ayudaron a los astronautas a explorar áreas más grandes de la superficie de la Luna.

Si pudieras construir un vehículo lunar, ¿qué incluirías en tu diseño?

____

____

____

Un Rover lunar

2 Un Rover puede llevar a dos astronautas y atravesar cuestas, pendientes y superficies llanas. Subir una cuesta requiere la mayor potencia, de modo que los cuatro motores eléctricos del Rover debían de rendir a tope durante un **ascenso**.

Piensa en alguna vez que hayas subido una loma o por una montaña. ¿Cómo fue ese ascenso?

____

____

____

3 Conducir un Rover lunar en la Luna era **peligroso**. Si el Rover se descomponía, los astronautas tenían que poder repararlo ellos mismos. Dependían de sus trajes espaciales para que los protegieran de la atmósfera de la Luna, que es fría y no tiene oxígeno.

¿Cuál crees que es la parte más peligrosa de un viaje espacial?

____

____

____

4 Los Rovers lunares de hoy en día pueden recorrer más de cincuenta millas. Los astronautas tienen la **opción** de llegar a grandes distancias del lugar donde alunizaron, pero pueden elegir quedarse cerca de su nave espacial. Así, si el Rover lunar se estropeara, no tendrían que caminar mucho para regresar.

Relata alguna vez que hayas tenido que decidir entre muy pocas posibilidades. ¿Qué opción elegiste?

____

____

____

5 Desde la Luna, los astronautas podían ver la Tierra. A veces, nuestro planeta se veía como si estuviera **suspendido** sobre el horizonte lunar.

¿Cuál es la diferencia entre estar suspendido en el aire y volar de un lado a otro?

____

____

____

El módulo lunar

Diseñado para servir

por John Berry

El Programa Apolo consistió en una serie de vuelos espaciales que se realizaron en las décadas de 1960 y 1970. El principal objetivo era hacer descender a una persona en la Luna. El éxito llegó el 20 de julio de 1969, cuando los astronautas Neil Armstrong y Buzz Aldrin hicieron alunizar un módulo **lunar** *llamado* Eagle.

P: ¿Qué es un módulo lunar?

R: Un módulo lunar (ML) es una nave pequeña y ligera que puede descender en la Luna y volver a despegar desde allí. El *Eagle* fue uno de catorce módulos lunares construidos para el Programa Apolo. El éxito del proyecto dependía de estas máquinas sorprendentes. Hay quienes piensan que los módulos lunares son el mayor logro de la ingeniería de los últimos cien años.

P: ¿De qué tamaño es un módulo lunar?

R: Los primeros medían unos veintitrés pies de altura. Tenían unos treinta pies de largo y pesaban alrededor de 32,000 libras. Luego se empezaron a construir módulos más grandes.

Detente **Piensa** **Escribe**

CARACTERÍSTICAS TEXTUALES Y GRÁFICAS

¿Cómo te ayudan las fotografías de esta página a entender mejor el propósito del Programa Apolo?

____

____

____

P: ¿Por qué se construyeron los módulos lunares?

R: Los científicos querían saber más sobre la Luna. Tenían muchas preguntas acerca de cómo estaba constituida. Para poder responder esas preguntas, había que llegar a la Luna. Las naves espaciales estaban llevando gente al espacio, pero no podían descender en suelo lunar. Los módulos lunares fueron diseñados especialmente para hacer esa tarea.

P: ¿Por qué las naves espaciales anteriores no podían descender en la Luna?

R: Pesaban demasiado. En los primeros viajes del Programa Apolo, los astronautas iban en naves llamadas "módulos de control" (MC). Los módulos de control tenían que volver a traer a los astronautas a Tierra de una manera segura, pero el viaje de regreso era **peligroso**. Los módulos de control se recalentaban mucho cuando entraban en la atmósfera terrestre, de modo que tenían que tener escudos contra el calor. Esos escudos hacían que los MCs demasiado pesados para descender en la Luna. Si los astronautas esperaban caminar en la Luna, iban a necesitar una nave más ligera.

Un módulo de control

Detente Piensa Escribe

VOCABULARIO

¿Qué hacía que el viaje de regreso a la Tierra fuera peligroso?

____

____

____

P: ¿Quiénes diseñaron y construyeron los módulos lunares?

R: Más de nueve mil personas trabajaron en los módulos lunares, entre ellas, más de dos mil ingenieros. Antes de construir los módulos, tenían que poder responder dos preguntas: 1. ¿En qué momento del trayecto el ML debería desprenderse del MC? 2. ¿Dónde volverían a encontrarse el MC y el ML? Los ingenieros determinaron que el mejor lugar para que los dos módulos se separaran y volvieran a juntarse era la órbita lunar.

P: ¿Cuánto se tardó en decidir el diseño?

R: Se trabajó durante más de cinco años antes de que el primer ML viajara al espacio. La investigación comenzó en 1963. Los especialistas estudiaron qué necesitaría el ML. Luego diseñaron las partes, las construyeron y las ensamblaron.

Un módulo lunar en la Luna

Los ingenieros tuvieron que tomar muchas decisiones. ¿Qué pieza o herramienta sería más ligera? ¿Cuál presentaría menos riesgos? ¿Qué partes se necesitarían? Tenían que considerar cada **opción** antes de tomar una decisión. También realizaron pruebas e hicieron cambios hasta estar satisfechos.

El primer ML completo salió al espacio en 1968. Fue solo una prueba. No se descendió en la Luna. Se construyeron catorce módulos lunares, pero solo algunos de ellos alunizaron.

Detente Piensa Escribe

VOCABULARIO

¿Qué se preguntaban los ingenieros que trabajaban en el ML cuando consideraban cada opción?

____

____

____

P: ¿Qué pasaba durante un viaje típico del Programa Apolo?

R: Supongamos que usted está ahí, observándolo todo. El cohete lanza la nave con tres astronautas al espacio. Algunas partes del cohete se desprenden, hasta que quedan solo el módulo de control y el módulo lunar.

Después de pasar por detrás de la Luna, la nave entra en órbita alrededor de la Luna. Dos astronautas suben al ML, dejando al tercer astronauta en el MC. El módulo lunar se separa del módulo de control. Mientras se va acercando a la luna, se disparan los cohetes, que reducen la velocidad de la caída del módulo lunar. El módulo lunar parece estar **suspendido** sobre la superficie. Por último, se posa en la Luna.

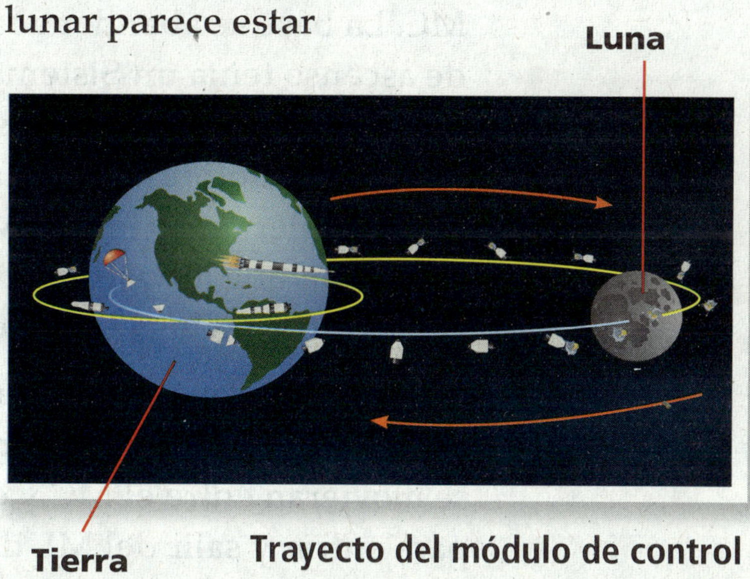

Trayecto del módulo de control

Los astronautas realizan pruebas, juntan rocas y tierra, y exploran el área. También sacan del ML todo lo que ya no resulte necesario. La nave debe estar lo más ligera posible para la siguente parte del trayecto.

Detente Piensa Escribe

SECUENCIA DE SUCESOS

¿Qué pasa entre el momento en que la nave entra en la órbita lunar y el momento en que el ML aluniza?

Módulo lunar: etapa de ascenso

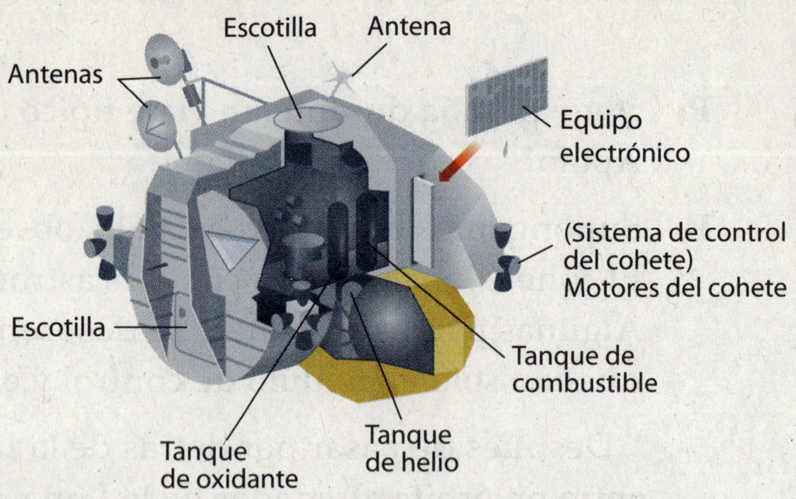

P: ¿Cómo volvían los astronautas al MC?

R: La parte superior del módulo lunar se llamaba "etapa de **ascenso**". Esta parte llevaba a los astronautas de nuevo al MC. La base se abandonaba. La parte exterior de la etapa de ascenso tenía un Sistema de control del cohete (SCC) dieciséis motores pequeños que se usaban para pilotar la nave. Esos motores permitían que el piloto moviera el ML en cualquier dirección. El ML también tenía antenas, que permitían que los astronautas se comunicaran entre ellos, con el MC e incluso con el equipo de la Tierra.

Las partes clave del módulo de control eran sus dos escotillas. La escotilla superior permitía que los astronautas se movieran entre el MC y el ML. La escotilla lateral servía para entrar y salir del ML durante su permanencia en la Luna. Una vez que los astronautas regresaban al MC, la etapa de ascenso volvía a caer en la Luna.

Detente Piensa Escribe

IDEA PRINCIPAL Y DETALLES

¿Cuáles eran algunas de las partes clave de la etapa de ascenso? ¿Para qué servía cada parte?

P: ¿Era estrecha la cabina del ML? ¿Dónde se sentaban los astronautas?

R: No se sentaban. No había espacio para asientos. El piso del módulo medía menos de cinco pies (1 metro y medio) por cinco pies (1 metro y medio), así que los astronautas iban de pie durante los viajes. El ML tenía oxígeno, presión atmosférica y una temperatura agradable, de modo que no tenían que usar sus aparatosos trajes espaciales.

P: ¿Presentaba el ML algún problema importante?

R: No. Por lo general los módulos funcionaban muy bien. Le fueron muy útiles al Programa Apolo y protegieron a los astronautas. Esto muestra el cuidado con el que fueron diseñados, construidos y probados. Hasta es una pena pensar que la mayoría de los ML tuvieran que quedarse en el espacio.

P: ¿Dónde se encuentran hoy los módulos lunares del Programa Apolo?

R: El cuadro de la próxima página muestra qué pasó con los catorce ML. Aquellos que están en museos se pueden visitar.

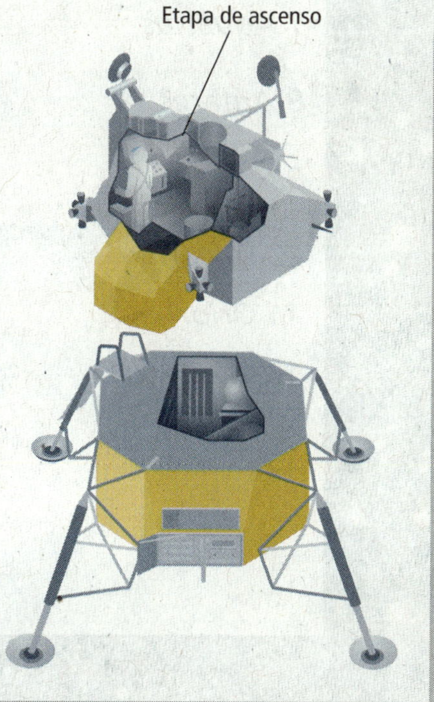

Las dos etapas del módulo lunar

Detente Piensa Escribe

CARACTERÍSTICAS TEXTUALES Y GRÁFICAS

¿Cómo te ayuda la ilustración a entender mejor cómo estaba constituido el ML?

¿Dónde están ahora?

LM	Misión	Ubicación
1	Apolo 5	Desconocida
2	No se usó.	En el Museo Nacional del Aire y el Espacio, en Washington, D.C.
3 *Spider*	Apolo 9	Dejada en el espacio
4 *Snoopy*	Apolo 10	En órbita alrededor del Sol
5 *Eagle*	Apolo 11	En la Luna
6 *Intrepid*	Apolo 12	En la Luna
7 *Aquarius*	Apolo 13	Se quemó en la atmósfera terrestre.
8 *Antares*	Apolo 14	En la Luna
9	No se usó.	En el Centro Espacial Kennedy, en Orsino, Florida
10 *Falcon*	Apolo 15	En la Luna
11 *Orion*	Apolo 16	En la Luna
12 *Challenger*	Apolo 17	En la Luna
13	No se usó.	En el Museo de Aviación The Cradle, en Garden City, Nueva York
14	No se usó.	En el Instituto Franklin, en Filadelfia, Pensilvania

Detente **Piensa** **Escribe**

CARACTERÍSTICAS TEXTUALES Y GRÁFICAS

¿Dónde acabaron varios de los módulos lunares?

Vuelve a leer y responde

1 ¿Cómo te ayuda el título a comprender el artículo?

Pista
Busca pistas en las páginas 144, 145 y 146.

2 ¿Qué esperarían descubrir los científicos al mandar astronautas a la Luna para que realizaran pruebas, recogieran muestras y exploraran el terreno?

Pista
Busca pistas en la página 145.

3 ¿Por qué la etapa de ascenso del módulo lunar era tan importante para el éxito de la misión?

Pista
Busca pistas en la página 148.

4 ¿Qué te parece que piensa el autor sobre los módulos lunares? Explica tu respuesta.

Pista
Busca pistas en las páginas 144 y 149.

Lección 16

Los vikingos

✓ VOCABULARIO CLAVE

ancestral
desenterrar
despiadado
destino
saga

1 Escandinavia era la patria de los vikingos. La parte de Escandinavia de donde proceden los vikingos es hoy Noruega, Suecia y Dinamarca. En el siglo IX, muchos vikingos abandonaron sus tierras **ancestrales** para asentarse en Islandia.

¿Por qué algunas personas podrían abandonar su patria ancestral?

____

____

____

2 Los vikingos invadieron tierras extranjeras. Podían ser **despiadados**, y no mostrar compasión por los pueblos a los que asaltaban. Sin embargo, algunos vikingos eran agricultores que se preocupaban por sus familias y eran clementes con los demás.

¿Qué palabra del párrafo anterior es un antónimo de despiadados?

____

____

____

3 Erik el Rojo era un vikingo aventurero que exploró y se asentó en Groenlandia. Muchos relatos cuentan la larga **saga** de su vida, sus valientes hazañas y sus aventuras.

¿En qué se diferencia una saga de otras historias?

____

____

____

4 Los vikingos trataron varias veces de establecerse en América del Norte. Probablemente pensaran que su **destino** era vivir allí. Sin embargo, no fundaron una colonia permanente y, con el tiempo, abandonaron el continente.

¿Qué queremos decir cuando decimos que algo es nuestro destino?

____

____

____

5 Los científicos **han desenterrado** los restos de un asentamiento vikingo en América del Norte. Clavos, faroles y otros artefactos encontrados en el yacimiento nos dan muchas pistas sobre la forma de vida de los vikingos.

¿Qué tipo de cosas podrían desenterrarse en el yacimiento de un antiguo asentamiento?

____

____

____

Erik el Rojo
y la exploración vikinga

por Claire Daniel

Quinientos años antes de que Cristóbal Colón "descubriera" América, los vikingos ya habían desembarcado en el norte del continente. América del Norte estaba a miles de millas de Escandinavia, la patria de los vikingos. Sin embargo, los exploradores vikingos tenían una larga tradición de viajes más allá de su tierra **ancestral**. En los siglos VIII y IX, invadieron Inglaterra, Irlanda, Gales y España. Los exploradores vikingos partieron de Europa para explorar el territorio al otro lado del Océano Atlántico.

Uno de los exploradores vikingos más conocidos fue Erik el Rojo. Su verdadero nombre era Eirikr Thorvaldson, pero lo apodaron Erik el Rojo a causa de su cabello y su barba pelirrojos. Su **saga** se ha ido relatando a lo largo de cientos de años.

Erik había nacido en Noruega alrededor del año 935. Siendo todavía muy joven, su padre partió de Noruega con su familia. Navegaron hasta Islandia, que había sido recientemente invadida por los vikingos. La familia de Erik construyó allí una granja.

Detente **Piensa** **Escribe** VOCABULARIO

¿Qué significa llamar a un lugar tu "tierra ancestral"?

Hacia el oeste, a Groenlandia

Erik se casó con una mujer de una familia muy acomodada. Como regalo de bodas, el padre de la novia le ofreció a la pareja una extensa parcela de tierra cultivable. La esposa de Erik decía que él era un buen marido que trabajaba bien la tierra y era amable con ella. Sin embargo, Erik tenía conflictos con algunos vecinos, que derivaron en situaciones de violencia. Alrededor del año 981, Erik fue desterrado de Islandia como castigo por su **despiadada** conducta.

Erik el Rojo partió en una nave con rumbo al oeste. Descubrió una tierra a la que llamó Groenlandia. Por unos años, recorrió distintas partes de esa tierra. En su opinión, Groenlandia tenía incluso mejores tierras de labranza que Islandia. Erik decidió que quería crear un asentamiento permanente en la nueva tierra.

Detente Piensa Escribe

COMPARAR Y CONTRASTAR

¿En qué se diferenciaba la conducta de Erik hacia su esposa de su conducta hacia sus vecinos?

Un nuevo asentamiento

Erik el Rojo regresó a Islandia, esperando convencer a otros de que se fueran con él a Groenlandia. Sus relatos sobre la nueva tierra entusiasmaron a la gente. Al poco tiempo, otras familias vikingas quisieron establecerse en Groenlandia.

En el año 985, Erik lideró a un grupo de vikingos en su traslado a Groenlandia. Una flota de veinticinco naves zarpó cargada de hombres, mujeres y niños. Con ellos llevaban vacas, ovejas, caballos, cerdos y perros. Cargaron pescado seco y carne, queso y manteca. También llevaban herramientas de labranza, tiendas de campaña, equipos de caza y utensilios de cocina.

Nadie sabe cuánta gente partió con Erik el Rojo. Los historiadores piensan que pudieron haber sido hasta 600 los vikingos que embarcaron con él. Pero la travesía fue difícil. De las veinticinco naves que zarparon, solo catorce llegaron a Groenlandia. Las otras o volvieron, o naufragaron.

Detente Piensa Escribe

CONCLUSIONES Y GENERALIZACIONES

¿Por qué los vikingos llevaron con ellos a Groenlandia tantos animales y provisiones?

___

___

___

Un descubrimiento casual

Un mercader llamado Bjarni Herjólfsson dejó Islandia en el año 986 para reunirse con su familia en Groenlandia. No llevaba brújula con él. Sus marineros dependían de las estrellas para poder ubicarse. Los días y noches nublados dificultaron su viaje. Los marineros se desviaron y navegaron al sudoeste de Groenlandia.

Allí, el mercader divisó una nueva tierra. Aunque no desembarcó en ella, les habló de su hallazgo a otros cuando llegó a Groenlandia. Mucha gente piensa hoy que esa nueva tierra era lo que hoy llamamos Terranova, en la costa este de Canadá. De ser así, Herjólfsson habría divisado América del Norte.

Dos personas se interesaron mucho en los relatos del mercader: Erik el Rojo y su hijo Leif. Leif le ofreció al mercader comprarle la nave, y Herjólfsson, con el tiempo, aceptó. Leif quería usar el barco para navegar a la nueva tierra que Herjólfsson había visto.

Detente Piensa Escribe

INFERIR Y PREDECIR

Explica en qué sentido el descubrimiento de la nueva tierra por parte de Herjólfsson fue casual.

____

____

____

La exploración de Vinlandia

Erik el Rojo tenía la intención de acompañar a su hijo en esta nueva aventura. Sin embargo, poco antes de que empezara el viaje, Erik se hirió una pierna. Los marinos vikingos eran muy supersticiosos. Erik pensó que romperse una pierna era un mal augurio. Tal vez pensara que no era su **destino** explorar esas nuevas tierras. Finalmente, decidió no participar en el viaje.

Leif llegó a las nuevas tierras y navegó hacia el sur, bordeando la costa. Primero, vio una tierra de rocas planas, que probablemente fuera la Isla de Baffin. Siguió navegando. Luego vio una tierra boscosa con una playa blanca. La llamó "Marklandia". Probablemente fuera la costa sur de Labrador.

Leif continuó la travesía hasta llegar a un tercer lugar. Esta tierra tenía campos, bosques, praderas y viñas. Así que llamó a estas tierras "Vinlandia", o "tierra de viñas". Leif y su tripulación desembarcaron en Vinlandia. Fueron los primeros europeos que pisaban suelo americano. Pasaron el invierno en Vinlandia antes de regresar a Groenlandia.

Detente **Piensa** **Escribe**

VOCABULARIO

¿Por qué Erik el Rojo habrá pensado que no era su destino explorar las nuevas tierras?

___

___

___

Una familia de exploradores

Erik el Rojo tuvo cuatro hijos: Leif, Thorvald, Thorstein y Freydis. Los cuatro partieron de Groenlandia para explorar América del Norte. Cuando Leif regresó, Thorvald zarpó hacia Vinlandia y exploró las costas cercanas. Se enfrentó a los indígenas americanos que habitaban el área. Durante uno de esos enfrentamientos, una flecha lo alcanzó y le dio muerte.

Otro hermano de Leif, Thorstein, dirigió otro grupo de vikingos a América, pero no se quedaron. E incluso hubo otro grupo de vikingos que trataron de fundar una colonia en Vinlandia, pero advirtieron que luchar contra los indígenas americanos era demasiado peligroso. El grupo empacó y abandonó el lugar.

Freidys, la hija de Erik el Rojo, formó parte de un grupo que intentó más tarde asentarse en Vinlandia. Pero las luchas hicieron fracasar también este intento. Esta vez, sin embargo, las luchas no fueron con los nativos: ¡Gente de Islandia se enfrentó a los pobladores de Groenlandia!

A pesar de los muchos intentos, los vikingos no lograron crear una colonia permanente en Vinlandia. Aun así, las aventuras de Erik el Rojo y su familia no han dejado de narrarse desde entonces.

Detente Piensa Escribe

COMPARAR Y CONTRASTAR

¿En qué se diferenciaban los problemas a los que se enfrentó el grupo de Freidys de los conflictos a los que se habían enfrentado otros vikingos en Vinlandia?

¿Dónde estaba Vinlandia?

Nadie sabe exactamente dónde estaba Vinlandia. Algunas personas piensan que estaba donde hoy se encuentra Cape Cod, Massachussets. Otras piensan que estaba en la actual Terranova, en Canadá.

* * * * *

En 1960, los científicos **desenterraron** restos de una colonia vikinga en Terranova. Encontraron ocho construcciones en el lugar. También encontraron galpones para guardar las naves y grandes pozos exteriores para cocinar. Entre los artefactos hallados en el yacimiento había clavos, un farol, una piedra de yunque y un huso. El huso prueba que en el asentamiento vivían mujeres y que usaban el huso para hilar lana.

Actualmente, las ruinas del asentamiento vikingo están abiertas al público. El lugar se llama L'Anse aux Meadows. Muchos piensan que ese asentamiento debió de ser Vinlandia, pero no hay modo de saberlo con seguridad.

Detente Piensa Escribe

IDEA PRINCIPAL Y DETALLES

¿Qué artefactos nos ayudan a entender el papel que desempeñaban las mujeres en el asentamiento vikingo que ahora llamamos L'Anse aux Meadows? Explica tu respuesta.

Vuelve a leer y responde

1 ¿Por qué Erik el Rojo podría haberse alegrado de ser desterrado de Islandia?

> **Pista**
> Busca pistas en las páginas 155 y 156.

2 ¿En qué se diferenciaba el asentamiento vikingo de Groenlandia del asentamiento vikingo de Vinlandia?

> **Pista**
> Busca pistas en las páginas 156, 158 y 159.

3 ¿Qué logro importante alcanzó Leif, el hijo de Erik el Rojo?

> **Pista**
> Busca pistas en la página 158.

4 ¿En qué se parecían los hijos de Erik el Rojo?

> **Pista**
> Busca pistas en la página 159.

Lección 17

VOCABULARIO CLAVE

arqueólogo
distinto
elaborado
lustroso
réplica

Claves del pasado

Algunos científicos estudian cómo vivía la gente en el pasado. Los **arqueólogos** buscan cosas que puedan haber estado enterradas por muchos años. Buscan ruinas de edificios o **distintos** objetos, tales como cuencos y herramientas.

Para lograrlo, los científicos a menudo organizan excavaciones muy **elaboradas**. Muy cuidadosamente, planifican y llevan a cabo cada detalle. Delimitan las áreas donde van a trabajar. Luego empiezan a excavar el suelo lentamente. A menudo encuentran objetos muy valiosos, como collares y anillos de oro **lustroso**. A veces hallan las ruinas de antiguas construcciones.

Las cosas que encuentran los científicos con frecuencia terminan en museos. A veces, sin embargo, algunas de ellas son demasiado valiosas para ser expuestas. En ese caso, el museo puede exhibir **réplicas** en lugar de los objetos mismos.

1. Los ________________ son científicos que se dedican a buscar objetos que han estado enterrados por años.

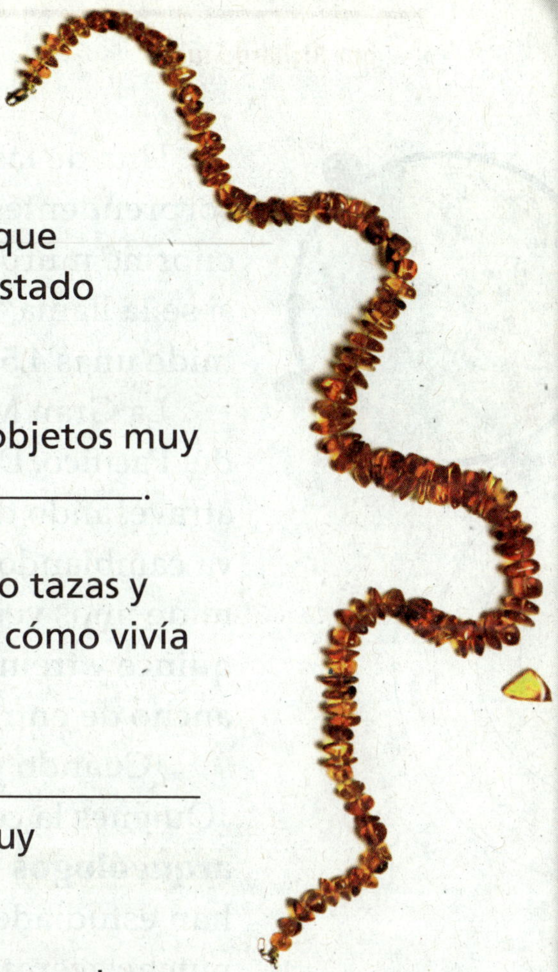

2. A veces, los arqueólogos encuentran objetos muy valiosos, como joyas de oro ________________.

3. Otros objetos ________________, como tazas y herramientas, nos aportan indicios de cómo vivía la gente en el pasado.

4. Algunas excavaciones son muy ________________ y deben planearse y llevarse a cabo muy cuidadosamente.

5. Describe algunas réplicas que tengas o que hayas visto.

____

____

____

6. Tu maestra te dice que la nueva biblioteca de la escuela tiene una estructura de planta muy elaborada. ¿Qué quiere decir?

____

____

____

La Gran Muralla china

por Richard Stull

Una de las construcciones humanas más sorprendentes del mundo es la Gran Muralla china. Este enorme muro atraviesa los campos del norte de China. Y si se la llama "Gran" es por algo: ¡La Gran Muralla china mide unas 4,500 millas de largo!

La Gran Muralla comienza cerca de la costa del Pacífico. De allí, continúa en dirección al oeste, atravesando desiertos, cerros y montañas. En su camino va cambiando de tamaño. La mayor parte del muro mide unos veinticinco pies de altura. La base tiene entre quince y treinta pies de ancho. La parte superior tiene un ancho de entre nueve y doce pies.

¿Cuándo y por qué se construyó la Gran Muralla? ¿Quiénes la construyeron? Gracias al trabajo de los **arqueólogos** que la han estudiado sabemos mucho acerca de la historia de esta singular construcción.

Detente Piensa Escribe

HECHO Y OPINIÓN

La primera oración de este artículo, ¿expresa un hecho o una opinión? Explica tu respuesta.

La primera etapa de la Gran Muralla

Tal vez sorprenda saber que la Gran Muralla no es solo un muro. Es un **elaborado** sistema de murallas. Las primeras murallas se construyeron en el siglo VII a. de C. Algunas de ellas tenían varias millas de largo. En los trescientos años que siguieron, se levantaron otras murallas más extensas en distintas partes de lo que es hoy el norte de China.

Hacia el siglo III a. de C., ya se habían construido muchas murallas a lo largo de los reinos del norte. Algunas de las murallas iban de este a oeste. Otras, de norte a sur.

En el 221 a. de C., el reino de Qin, ubicado en el norte, había conquistado muchos reinos vecinos. El emperador de Qin se llamaba Qin Shi-Huang. Este gobernante ordenó la destrucción de muchas murallas pequeñas en su nuevo imperio. Luego ordenó que se conectaran **distintas** murallas que recorrían el norte. El resultado fue una larga muralla que se extendía a lo largo de la frontera norte de Qin y que separaba China del resto del norte de Asia.

Detente **Piensa** **Escribe**

VOCABULARIO

¿Qué indica la palabra elaborado sobre el sistema de murallas?

____

____

____

Durante el imperio de Qin Shi-Huang, miles de soldados custodiaban la Gran Muralla. A la muerte del emperador, en cambio, la muralla fue descuidada y pronto quedó convertida en ruinas.

¿Por qué se construyeron las murallas?

Los reyes hicieron construir las primeras murallas para proteger sus castillos y sus reinos. La gente temía ataques de reinos vecinos. También se temían ataques de otros países de Asia.

Durante cientos de años después de la muerte de Qin-Shi-Huang se siguieron construyendo nuevas murallas en otras partes del país. Estas murallas se construían para proteger a la gente de posibles ataques. Sin embargo, pronto comenzaron a cumplir una segunda función.

El comercio con otros países se había transformado en un gran negocio para China. Los mercaderes llevaban a otros países **lustrosas** sedas y especias de China a otros países. Viajaban a caballo, en camello o en carromato.

Detente **Piensa** **Escribe**

CAUSA Y EFECTO

¿Por qué se construyeron las primeras partes de la Gran Muralla?

____

____

____

Algunas de las murallas se encontraban a lo largo de las rutas usadas por los mercaderes. Así, los soldados que custodiaban las murallas podían proteger también a esos viajeros. Tanto cuidado se puso en ello que algunas personas pensaron que los gobernantes chinos protegían más a los comerciantes que al pueblo.

La Gran Muralla no siempre resultaba una buena defensa. Los ejércitos enemigos simplemente pasaban por los lugares donde no había ninguna muralla.

La construcción de las primeras murallas

Hoy en día, se nos hace difícil creer que los trabajadores construyeran la Gran Muralla a mano. Pero así fue. Para construir las primeras murallas se usaron grandes marcos de madera. Primero se asentaba el marco en su lugar. Luego se rellenaba con tierra y otros materiales. A medida que iban rellenando el marco, los trabajadores compactaban la mezcla aplastándola con los pies. Esto hacia que la muralla resultara muy fuerte.

Detente **Piensa** **Escribe**

HECHO Y OPINIÓN

¿Qué oración del primer párrafo expresa una opinión? Explica tu respuesta.

Los materiales usados en cada sección de la muralla dependían de la ubicación en la que se encontrara. Las murallas que atravesaban regiones desérticas se construían en su mayor parte con tierra compacta. Las murallas que atravesaban praderas se hacían con lodo, plantas y piedras. Las murallas de las regiones montañosas se construían apilando grandes piedras.

Los reyes y emperadores ordenaban a la gente de su propio reino trabajar en la construcción de la muralla. La gente no tenía otra opción. Probablemente su suerte no fuera mejor que la de los esclavos. A lo largo de los años, es probable que hayan trabajado en la Gran Muralla entre dos y tres millones de personas.

La Gran Muralla que hoy conocemos

Hacia 1450, los gobernantes empezaron a construir una serie de nuevas murallas. Esas murallas se extendían a lo largo de la frontera norte de China y eran más grandes que las primeras. También eran más fuertes, porque eran de ladrillos.

Detente **Piensa** **Escribe**

IDEA PRINCIPAL Y DETALLES

¿Qué efecto tuvo en las murallas construidas después de 1450 el hecho de que fueran de ladrillos?

Los trabajadores también repararon algunas de las antiguas murallas que se alzaban a lo largo de la frontera. Esas antiguas murallas habían estado en ruinas durante cientos de años. Puertas enormes conectaban partes de las primeras murallas con las nuevas. A lo largo de las murallas también se construyeron fuertes y torres de vigilancia. Miles de soldados vivían en los fuertes. La nueva Gran Muralla, al ser más fuerte, era una defensa más efectiva contra ataques enemigos.

Con el tiempo, China y sus vecinos del norte empezaron a mantener relaciones más amistosas. Al haber menos guerras, la Gran Muralla resultaba menos importante de lo que lo había sido en el pasado. Como consecuencia, las partes deterioradas no se reparaban con la frecuencia con que se había hecho antes. La nueva versión de la Gran Muralla corrió la misma suerte que versiones más tempranas, es decir, acabó convertida en ruinas.

Detente Piensa Escribe

IDEA PRINCIPAL Y DETALLES

¿Por qué la nueva versión de la Gran Muralla acabó convertida en ruinas?

____

____

____

Visita a la Gran Muralla

En el siglo pasado, China comenzó a restaurar partes de la Gran Muralla, especialmente las secciones cercanas a Pekín, la capital del país.

Miles de turistas visitan cada año las partes restauradas de la Gran Muralla. Pueden caminar sobre ella. Pueden observar el interior de las torres. Desde la parte superior de la muralla, pueden disfrutar la belleza del paisaje que la rodea. También pueden visitar tiendas donde pueden comprar **réplicas** de la Gran Muralla de plástico o de papel.

Mientras caminan por allí, los visitantes deberían pensar en la larga historia de la construcción sobre la que están parados. O en cómo ha cambiado el país a través de los años y en los distintos mandatarios que lo gobernaron. Por último, pero de igual importancia, deberían pensar en los millones de personas que trabajaron duramente para construir la Gran Muralla china.

Detente Piensa Escribe

VOCABULARIO

¿Por qué los visitantes podrían querer comprar réplicas de la Gran Muralla?

____

____

____

Vuelve a leer y responde

1 Los arqueólogos estudian objetos que han dejado personas del pasado. ¿Qué pueden haber encontrado los arqueólogos que pueda ayudarnos a saber más sobre la Gran Muralla?

Pista
Busca pistas en las páginas 165, 166, 167 y 168.

2 ¿Cuáles fueron, en el pasado, las principales funciones de la muralla?

Pista
Busca pistas en las páginas 166 y 167.

3 Anota un hecho y una opinión del artículo sobre la gente que trabajó en la construcción de la Gran Muralla.

Pista
Busca pistas en las páginas 167 y 168.

4 ¿Por qué te parece que el autor termina el artículo con una serie de opiniones acerca de la posibilidad de visitar la Gran Muralla?

Pista
Busca pistas en la página 170.

Lección 18

VOCABULARIO CLAVE

abandonar
amargamente
enorme
firme
furia

Mitos

1 Cada cultura tiene sus propios mitos y leyendas. Los mitos explican fenómenos de la naturaleza o sucesos de la historia de un pueblo. Por lo general, los personajes son héroes, animales, o dioses y diosas de extraordinarios poderes. Puede no haber ninguna prueba de que un mito narre algo verdadero, pero hay gente que tiene la **firme** creencia de que todo ocurrió exactamente como el mito lo narra.

¿Cuál de tus amigos te parece que expresa sus opiniones de manera más firme? Explica tu respuesta.

Zeus, el dios del cielo y del trueno, era el dios griego más poderoso.

2 En muchos mitos de todas partes del mundo aparecen dragones. El mito inglés más famoso, escrito hace casi mil años, trata sobre un héroe llamado Beowulf, quien luchó contra la **furia** de un dragón.

¿Alguna vez te enfrentaste a la furia de una tormenta? Explica tu respuesta.

3 El mito de El Dorado, la Ciudad de Oro, se ha venido narrando en América del Sur desde el siglo XVI. Los exploradores creían que era verdad. Buscaron el oro pero nunca lo encontraron. Hoy en día, la gente todavía sueña con encontrar El Dorado. Nada puede hacerles, **abandonar** sus sueños.

¿Qué puede hacer que alguien abandone la idea de hacer un picnic en el parque?

____

____

____

4 Un famoso mito estadounidense narra las hazañas de un héroe **enorme** llamado Paul Bunyan. Paul era conocido por su extraordinaria fuerza y por su gigantesco compañero de aventuras, Babe, el buey azul. Según el mito, ¡Paul cavó los Grandes Lagos para que Babe tuviera sus propios cuencos de agua!

Escribe un sinónimo de enorme.

____

5 Los mitos griegos tratan sobre dioses y diosas, sobre valerosos héroes y sobre algunas guerras que terminan muy **amargamente**. Los mitos griegos más antiguos, que datan de antes del 1200 a. de C., relatan sucesos que habrían tenido lugar durante los diez años que duró la Guerra de Troya.

¿Por qué la gente puede llegar a llorar muy amargamente la muerte de una mascota?

____

____

____

Un regalo para Troya

por Shirley Granahan

Un famoso mito griego tiene lugar en la antigua ciudad de Troya. Hay quienes piensan que es una historia inventada. Otros piensan que se basa en hechos y personas reales.

Hace mucho pero mucho tiempo, en la costa de lo que hoy es Turquía, se alzaba la ciudad de Troya. Antiguamente, la gente construía murallas alrededor de sus ciudades para impedir que entraran sus enemigos. Troya tenía una de esas murallas. La suya era particularmente fuerte y alta. Los troyanos, habitantes de la ciudad, tenían una creencia muy **firme**: mientras la muralla continuara en pie, ellos estarían protegidos y a salvo dentro de la ciudad.

Detente Piensa Escribe

ESTRUCTURA DEL CUENTO

¿Cuál es el ambiente en que se desarrolla esta parte del relato?

Troya estaba ubicada al otro lado del mar, frente a la antigua Grecia. El joven príncipe de Troya, llamado Paris, atravesó el mar hasta Esparta, que formaba parte de Grecia. Allí conoció al rey de Esparta, Menelao, y a su esposa Helena.

Paris pensó que Helena era la mujer más hermosa que jamás había visto. En cuanto Menelao se ausentó, Paris raptó a Helena y la llevó con él a Troya.

Menelao no pudo controlar su **furia** cuando descubrió lo que había pasado. Quería matar a Paris y liberar a Helena, de modo que inició una cruenta guerra entre Grecia y Troya que duraría diez años.

Menelao reclutó soldados de toda Grecia. Su hermano, el Rey Agamenón, se puso al mando de las tropas. Así zarparon para Troya para luchar contra Paris y rescatar a Helena.

Detente **Piensa** **Escribe**

VOCABULARIO

¿Qué sucedió como consecuencia de la furia de Menelao?

____

____

____

La ciudad de Troya se alzaba en un monte. El ejército griego acampó a los pies de la ciudad y la batalla comenzó.

Dentro de la ciudad amurallada, los troyanos se sentían a salvo. Las murallas que los protegían eran muy sólidas. Las puertas estaban cerradas. Los guardias que custodiaban la muralla mantenían a los griegos fuera de la ciudad, así que los habitantes de Troya continuaron su modo de vida habitual.

Los griegos no iban a **abandonar** la lucha hasta destruir la ciudad. Sin embargo, a pesar de todos sus esfuerzos, no podían entrar ni atravesando las puertas ni escalando la muralla. Las flechas troyanas no echaban atrás a los griegos, de modo que griegos y troyanos siguieron combatiendo año tras año. Parecía que ningún bando podía ganar.

Detente **Piensa** **Escribe**

ESTRUCTURA DEL CUENTO

¿Qué problema se plantea en esta parte de la historia?

Los troyanos tenían una estatua especial de Atenea en un templo dedicado a esta diosa. Atenea era la diosa de la sabiduría y de la guerra. Los troyanos pensaban que podrían resistir a cualquier enemigo mientras tuvieran esa estatua. Sin embargo, dos soldados griegos lograron llegar hasta el templo, robar la estatua y llevársela. Algunos troyanos vieron esto como una señal de que finalmente perderían la guerra.

Según la leyenda, mientras los griegos y los troyanos luchaban, los dioses los observaban, e incluso tomaban partido. Zeus, el padre de todos los dioses, quería que ganaran los troyanos. Atenea, aunque amada por los troyanos, era partidaria de los griegos.

La diosa Atenea, que era muy inteligente, ideó un plan para ayudar a los griegos a vencer a los troyanos.

Detente **Piensa** **Escribe**

ESTRUCTURA DEL CUENTO

¿Cómo afectó el robo de la estatua en lo que pensaban algunos troyanos?

____

____

____

Atenea les dijo a los griegos que construyeran un **enorme** caballo hueco de madera. Cuando lo terminaron, los mejores guerreros griegos se escondieron dentro. El resto de los griegos volvieron a sus naves y se alejaron de la costa durante la noche, de modo que los troyanos no pudieran verlos. Antes de partir, llevaron el caballo hasta las puertas de Troya.

A la mañana siguiente, los troyanos vieron que los griegos ya no estaban. Pensaron que la guerra había terminado ¡y que ellos habían vencido! Entonces fue cuando descubrieron el enorme caballo frente a las puertas de la ciudad. Los troyanos pensaron que el caballo de madera era un regalo o una señal de paz que les habían dejado los griegos y decidieron meterlo en la ciudad.

—¡No hagan eso! —advirtieron algunos troyanos—. ¡No confíen en regalos de los griegos!

Pero los otros ciudadanos se negaron a escucharlos.

Detente **Piensa** **Escribe**

VOCABULARIO

¿Por qué era necesario que el caballo de madera fuera enorme?

____

____

____

El caballo era demasiado grande para pasar por las puertas de la ciudad. Piedra por piedra, los troyanos demolieron parte de la muralla para hacer entrar al caballo. Lo hicieron llegar a un lugar frente al templo de Atenea. Luego hicieron una gran fiesta para celebrar la victoria.

Esa noche, las naves griegas regresaron silenciosamente a Troya. Por la mañana temprano, los guerreros griegos salieron del interior del caballo y sorprendieron y atacaron a los guardias troyanos. Luego, el resto del ejército griego irrumpió en la ciudad.

Los griegos atacaron a los troyanos sin compasión alguna. Todos los hombres troyanos, incluso Paris, fueron asesinados. Las mujeres troyanas, todavía llorando **amargamente** la pérdida de sus hermanos, esposos e hijos, fueron enviadas a Grecia como esclavas. Los griegos rescataron a Helena y quemaron la ciudad hasta no dejar más que escombros. Finalmente, la larga guerra había terminado.

Detente **Piensa** **Escribe**

ESTRUCTURA DEL CUENTO

¿Cómo se resolvió el problema del Rey Menelao?

Hoy en día, la gente sigue narrando la historia del gigantesco caballo de madera que ayudó a dar fin a una guerra de diez años. ¿Es verídica la historia del caballo de Troya? Los arqueólogos han encontrado el relato escrito en libros antiguos. También se han encontrado representaciones del caballo y de escenas de la batalla en obras de arte de la Antigüedad halladas en esa zona. Aun así, algunos piensan que estas evidencias solo demuestran que el caballo de Troya ha sido siempre un buen relato. No piensan que prueben que los eventos hayan sucedido realmente. Solo los habitantes de las antiguas Grecia y Troya lo saben con seguridad… y no están aquí para contarlo.

Detente **Piensa** **Escribe**

IDEA PRINCIPAL Y DETALLES

¿Qué encontraron los arqueólogos que podría indicar que este mito narra un hecho real?

Vuelve a leer y responde

1 ¿Quién era Paris?

Pista
Busca una pista en la página 175.

2 ¿Por qué el Rey Agamenón partió a Troya al mando del ejército griego?

Pista
Busca una pista en la página 175.

3 ¿Qué hicieron los troyanos para que el enorme caballo pudiera pasar por las puertas de la ciudad?

Pista
Busca una pista en la página 179.

4 ¿Cómo podrían probar finalmente los arqueólogos que el caballo de Troya existió de verdad?

Pista
Piensa en qué evidencia necesitarías para convencerte.

Lección 19

✓ VOCABULARIO CLAVE

ceremonial
divino
erigir
fragmento
ponderar

Culturas de la Antigüedad

Marca la respuesta.

1. Cada cultura tiene sus propios objetos ________, es decir, objetos que se usan en ocasiones tales como nacimientos, bodas, fallecimientos, o el nombramiento de un nuevo gobernante. Cada objeto tiene una función y un significado especiales.

   ☐ **ponderados** ☐ **erigidos** ☐ **ceremoniales**

2. En algunas culturas antiguas, la gente creía que sus gobernantes eran de origen ________. Es decir, pensaban que el gobernante estaba más cerca de ser un dios que de ser una persona común.

   ☐ **divino** ☐ **ceremonial** ☐ **lustroso**

3. En todas las épocas, la gente ha ________ estatuas y monumentos. Construimos estas cosas para honrar a una persona o para conmemorar un suceso histórico importante. Por ejemplo, las Grandes Pirámides de Egipto se crearon para que sirvieran de tumba a algunos antiguos faraones.

   ☐ **afirmado** ☐ **erigido** ☐ **divino**

4 Muy pocos objetos sobreviven al paso de los siglos. A veces, cuando se las descubre, la cerámica y las herramientas de piedra se encuentran reducidas a ________. Es posible estudiar estas piezas pequeñas, tratar de volver a armar el objeto, e intentar deducir para qué pudo haberse usado.

☐ **fragmentos** ☐ **ceremoniales** ☐ **agonía**

5 Por años, los expertos han ________ cuidadosamente los restos de civilizaciones ya desaparecidas en busca de claves. ¿Qué ha sido de esos pueblos del pasado? Los científicos y los historiadores dedican grandes esfuerzos a investigar formas de vida que ya han desaparecido.

☐ **ponderado** ☐ **erigido** ☐ **sacrificado**

6 Describe algún objeto <u>ceremonial</u> que hayas visto. ¿Para qué se usaba?

____

____

7 Describe una estatua o monumento que <u>se haya erigido</u> en tu pueblo, ciudad o estado.

____

____

8 ¿De qué clase de objetos podrían quedar solo <u>fragmentos</u>?

____

____

En busca de Tutankamón

por Carol Alexander

Era una tarde de noviembre de 1922. Howard Carter se detuvo a observar las dunas del Valle de los Reyes. Él y su equipo habían ido a Egipto a buscar el lugar donde descansaran los restos de Tutankamón, un faraón egipcio que había gobernado hacía muchísimo tiempo. Los antiguos egipcios **habían erigido** enormes pirámides para honrar a algunos de sus gobernantes a la hora de su muerte. Otros mandatarios eran enterrados en elaboradas tumbas subterráneas. Carter pensaba que la tumba de Tutankamón tal vez se encontrara enterrada bajo la arena.

Carter había pasado cuatro años excavando en ese valle. Lord Carnarvon, un inglés muy adinerado, financiaba el trabajo. Sin embargo, al equipo de Carter se le estaba acabando el tiempo. Lord Carnarvon ya les había dado esa la última temporada para hallar la tumba de Tutankamón. Pasado ese plazo, no dispondrían de más dinero.

Detente **Piensa** **Escribe**

CAUSA Y EFECTO

¿Por qué podría Carter tener que abandonar la búsqueda de la tumba de Tutankamón?

____

____

____

De artista a explorador

Howard Carter había nacido en Inglaterra en 1874. Cuando era niño, su padre –que era artista— le enseñó a dibujar y a pintar. En 1899, Howard Carter conoció a Percy Edward Newberry, quien pertenecía al Fondo para la Exploración de Egipto. Newberry necesitaba a un artista para su proyecto de excavación, de modo que contrató a Carter para que copiara los dibujos y símbolos inscritos en los objetos y las tumbas egipcias.

Carter copió escenas de las paredes de las tumbas y pronto se hizo muy hábil en su trabajo. Más tarde obtuvo un puesto junto a un equipo de científicos dirigidos por el famoso arqueólogo William Petrie. Al principio, Petrie pensó que el joven Carter no tenía suficiente experiencia para formar parte de su equipo.

Carter probó lo contrario. Pronto aprendió todo lo que tenía que saber para hacer un buen trabajo. Con Petrie como maestro, Carter obtuvo conocimientos, ganó experiencia y se transformó en uno de los principales exploradores del pasado de Egipto.

Detente **Piensa** **Escribe**

CAUSA Y EFECTO

¿Cómo capacitó a Carter su formación como artista para participar en la excavación de Percy Edward Newberry?

____

____

____

Expedición al Valle de los Reyes

En 1908, Howard Carter conoce a Lord Carnarvon, quien poseía una valiosa colección de artefactos egipcios. Lord Carnarvon quería hallar la tumba de un faraón egipcio muy poco conocido en esa época: Tutankamón. Carter fue contratado para dirigir la excavación.

El equipo de Carter empezó a trabajar de lleno en 1917. Carter estaba preparado para excavar hasta el fondo para encontrar la tumba. Sin embargo, al cabo de cinco años, su equipo tenía poco para mostrar, excepto unos pocos artefactos con la inscripción del nombre del faraón.

Mientras Carter observaba el Valle de los Reyes esa tarde de noviembre, debió de **ponderar** el pasado y el futuro de su excavación. Después de tanto trabajo, ¿tendría que abandonar el proyecto? En ese momento vio que un muchacho venía corriendo hacia él. Por lo general, este joven proveía de agua al equipo. Esta vez, venía para decirle que, mientras hacía su trabajo, se había topado con un escalón de piedra y que había pensado que Carter podría querer saberlo de inmediato.

Detente Piensa Escribe

CAUSA Y EFECTO

¿Por qué el aguador corrió a hablar con Carter?

____

____

____

Carter siguió al muchacho hasta el escalón de piedra y empezó a excavar alrededor. Aparecieron más escalones que llevaban hacia abajo. Carter estaba exultante de pensar que por fin podrían haber encontrado la entrada a la antigua tumba del faraón.

Tres días después, el equipo había excavado todo el descenso hasta una puerta sellada. Había sellos reales en la puerta, pero Carter no sabía descifrarlos. También encontró pruebas de que antiguos saqueadores de tumbas habían hecho un pequeño agujero en la puerta. Seguramente, los saqueadores no habrían podido sacar mucho por un agujero tan pequeño. Carter se preguntaba si su equipo encontraría la tumba intacta cuando la abrieran.

Pero Carter debió esperar antes de encontrar la respuesta a su pregunta. Primero debía contactar a Lord Carnarvon y hablarle de su descubrimiento. Sabía que Lord Carnarvon y su hija, Lady Herbert, iban a querer estar presentes en el momento en que el equipo entrara a la tumba por primera vez.

Detente **Piensa** **Escribe**

CAUSA Y EFECTO

¿Por qué Carter no quitó los sellos y entró a la tumba enseguida?

____

____

____

Cosas maravillosas

El 22 de noviembre ya se había reunido todo el equipo. Lord Carnarvon, Lady Herbert y Howard Carter descendieron los dieciséis peldaños de piedra hasta la primera puerta. Cuando los trabajadores retiraron los escombros acumulados al pie de la puerta, Carter encontró varios sellos con el nombre de Tutankamón. Era indudable que se trataba de su tumba.

Detrás de esa primera puerta, Carter encontró un largo pasillo y una segunda puerta. ¿Hallarían un tesoro detrás de esta puerta, o solo polvorientos **fragmentos** de alfarería? Carter hizo un pequeño agujero en la puerta y miró a través de él. Al principio no pudo ver mucho en la oscuridad, de modo que acercó una vela.

—¿Puede ver algo? —le preguntó Lord Carnarvon con ansiedad.

—Sí, cosas maravillosas —respondió Carter.

Lo que estaba viendo superaba cualquier cosa que pudiera haber imaginado. La sala estaba llena de estatuas, figuras de animales y un sinfín de objetos de oro macizo y centelleante.

Detente **Piensa** **Escribe**

VOCABULARIO

¿Por qué podría haber esperado Carter que de los objetos que hallara en la tumba quedaran solo fragmentos?

____

____

____

Durante los días, semanas y meses que siguieron, el equipo de Carter se dedicó a examinar lenta y cuidadosamente las distintas cámaras de la tumba de Tutankamón. Encontraron la momia del faraón dentro de una serie de féretros, incluso uno de oro macizo. Hallaron muchas piedras preciosas y obras de arte. Descubrieron objetos **ceremoniales**, tales como un trono y una máscara de oro. Había cientos de objetos enormemente valiosos.

Los egipcios creían que sus gobernantes eran de origen **divino**, de modo que los enterraban con todo cuidado. En las cámaras sepulcrales de los faraones colocaban muchos objetos de valor. También creían que estos objetos se usarían en la otra vida. De modo que Tutankamón fue enterrado con todas sus riquezas.

Los artículos que se encontraron en la tumba de Tutankamón tenían más de 3,000 años de antigüedad. Carter sabía que personas de todo el mundo iban a querer ver estas obras de arte. Los científicos también se interesarían en la momia del faraón. La gente estudiaría los hallazgos de la tumba a lo largo de años. Muchos de esos tesoros acabarían en museos.

Detente Piensa Escribe

VOCABULARIO

¿Cómo se habrían usado los objetos ceremoniales que se encontraron en la tumba de Tutankamón?

____

____

____

Algo más sobre Tutankamón

Le llevó diez años a Howard Carter documentar y vaciar la tumba. Lo que encontró en ella les permitió, tanto a Carter como a otros, saber mucho más sobre el faraón.

Tutankamón había gobernado siendo aún un niño y había muerto cuando era todavía un adolescente. En la década de 1960, los científicos estudiaron su cráneo mediante radiografías. Entonces hallaron una pista sobre su temprana muerte. Hallaron evidencia de que el faraón había sufrido un golpe en la cabeza.

¿Significaba esto que el faraón había sido asesinado? Tutankamón provenía de una larga dinastía de gobernantes, pero en su reino había muchas luchas de poder. Sólo podemos hacer conjeturas de cómo y por qué murió exactamente.

Por lo que respecta a Howard Carter, se hizo coleccionista de objetos raros de Egipto. También publicó tres libros sobre el descubrimiento de la tumba de Tutankamón. Carter esperaba escribir un relato más detallado sobre su excavación de la tumba, pero nunca tuvo la oportunidad. Murió en 1939.

Detente Piensa Escribe

INFERIR Y PREDECIR

¿Por qué podría haber matado alguien al faraón Tutankamón?

Vuelve a leer y responde

1. ¿Por qué era importante para los exploradores de Egipto contar con un artista en sus excavaciones?

Pista
Busca pistas en la página 185.

2. ¿Por qué tuvo el equipo de Carter que examinar la tumba de Tutankamón muy lenta y cuidadosamente?

Pista
Busca una pista en la página 189.

3. ¿Por qué enterraban los egipcios a sus gobernantes en grandes tumbas llenas de objetos valiosos?

Pista
Busca una pista en la página 189.

4. ¿Crees que Howard Carter fue un gran arqueólogo y explorador? Explica tu respuesta.

Pista
Encontrarás pistas en casi todas las páginas.

Lección 20

✔ VOCABULARIO CLAVE

escaso
exponer
opulento
recuperar
temblor

Las Siete Maravillas del Mundo

La gente siempre ha recorrido el mundo para ver construcciones notables erigidas por el ser humano. En la Antigüedad, los historiadores y los estudiosos hicieron listas de lugares que eran especialmente grandes, extraños u

(1) ______________________________. Una de esas listas se llamaba Las Siete Maravillas del Mundo. Las Siete Maravillas del Mundo eran: la Gran Pirámide de Giza, el Coloso de Rodas, los Jardines Colgantes de Babilonia, el Faro de Alejandría, la Estatua de Zeus en Olimpia, el Templo de Artemisa en Éfeso y el Mausoleo de Halicarnaso.

Las Siete Maravillas del Mundo eran bellas y grandiosas, pero muchas de las personas que las construyeron llevaban una vida llena de dificultades. Muchos trabajadores eran esclavos y obreros que ganaban **2** ______________________ salarios. A menudo no importaba **3** ______________________ a los trabajadores a condiciones muy duras. No había grúas ni bulldozers en esos tiempos. Los trabajadores tenían que arrastrar enormes planchas de piedra y levantarlas a mano hasta donde hubiera que ponerlas.

Solo una de las Siete Maravillas del Mundo existe hoy en día: la Gran Pirámide de Giza. Algunas de las otras estructuras se vinieron abajo a causa de **4** ______________________ y de poderosos terremotos. Otras fueron destruidas por el fuego. Seguramente, la gente trató de **5** ______________________ estas magníficas construcciones. Sin embargo, poco o nada queda de ellas en la actualidad.

Los secretos de una estatua de la Antigüedad

por John Berry

¿Has visto alguna vez la Estatua de la Libertad? Este famoso monumento se alza, orgulloso, en el Puerto de Nueva York. La estatua fue un regalo de Francia a los Estados Unidos y es un símbolo de libertad.

Dos mil años antes de la Estatua de la Libertad hubo otra gran estatua llamada el Coloso de Rodas. Se alzaba en un territorio que es hoy parte de Turquía. El Coloso ya no existe. Fue destruido antes de cumplir seis décadas de haber sido construido.

La historia del Coloso de Rodas es importante porque nos ayuda a descubrir cómo era la vida en la Antigüedad. ¿Quiénes vivían en la región? ¿De qué vivía la gente? ¿Por qué construyeron esa estatua?

Rodas es una isla ubicada frente a la costa de Turquía. En la Antigüedad, era un pueblo de agricultores. Su tierra era fértil y apta para muchos cultivos. Los habitantes pensaban que Helios, el dios griego del sol, los había bendecido.

Detente Piensa Escribe

IDEA PRINCIPAL Y DETALLES

¿Cuál es la importancia de la historia del Coloso de Rodas?

____

____

____

Una guerra larga y difícil

Los habitantes de Rodas eran gente pacífica, pero tenían enemigos. Los enemigos querían dominar sus ricas tierras y su próspero puerto. Y esperaban cobrarle impuestos a la gente de Rodas.

En el año 305 a. de C., el ejército griego atacó Rodas. La gente se defendió con valentía. La guerra, que se prolongó durante un año entero, causó la muerte de muchas personas. Los campos se descuidaron y mucha gente solo dispuso de **escasas** provisiones de alimentos. La gente estaba hambrienta y desesperada, pero estaba decidida a proteger sus hogares. Finalmente, el ejército griego abandonó la lucha, dejando atrás gran parte de su equipamiento bélico al marcharse.

Los habitantes de Rodas estaban agradecidos. Pensaban que Helios los había ayudado a ganar la guerra. De modo que decidieron erigir una estatua gigantesca en honor del dios sol. La estatua se llamaría "El Coloso de Rodas".

Detente Piensa Escribe

IDEA PRINCIPAL Y DETALLES

¿Qué detalles apoyan la idea de que la gente de Rodas estaba agradecida por el resultado de la guerra?

____

____

____

La construcción del Coloso de Rodas

Cómo la gente de Rodas consiguió los materiales para construir el Coloso sigue siendo un misterio. Muchos piensan que los habitantes de Rodas decidieron **recuperar** el equipamiento bélico que los griegos habían dejado en su tierra. Tal vez los habitantes de Rodas hayan vendido ese arsenal bélico y usado el dinero para comprar materiales para construir la estatua. Otra posibilidad es que fundieran las espadas y los escudos y usaran el bronce para construir el Coloso.

Como la estatua se construyó tanto tiempo antes de la invención de la cámara fotográfica, no quedan fotografías de ella. En consecuencia, nadie sabe exactamente cómo era. Sin embargo, algunos documentos antiguos mencionan que un hombre llamado Cares diseñó el Coloso de Rodas y que este tenía una altura aproximada de 110 pies. Es decir, ¡una altura similar a la de un edificio de once pisos!

Detente Piensa Escribe VOCABULARIO

¿De qué dos maneras habría podido usar la gente de Rodas el equipamiento bélico griego que habían logrado recuperar?

Fin de la construcción del Coloso

El Coloso era dorado, el color perfecto para honrar al dios del sol. Los trabajadores hacían primero secciones huecas de bronce y luego colocaban cada una encima de la sección anterior. Lentamente, la estatua se fue alzando sobre el terreno.

Los constructores ponían piedras y barras de hierro dentro de las secciones para afirmar la estatua y asegurarse de que no se derrumbara ni cayera. La cabeza fue lo último que construyeron. Muchos pensaban que el rostro se parecía al de Alejandro Magno, un líder que había vivido antes de la construcción de la estatua. Para honrar a Helios, muy probablemente la estatua tuviera una corona con largas puntas que harían pensar en los rayos del sol.

Finalmente, alrededor del año 282 a. de. C. la estatua, enorme y **opulenta**, quedó terminada. Su construcción había durado doce años.

Detente Piensa Escribe

CAUSA Y EFECTO

¿Por qué los constructores ponían piedras y barras de hierro dentro de la estatua?

____

____

____

El Coloso se derrumba

La gente de Rodas estaba muy orgullosa del Coloso. Pensaban que perduraría miles de años.

Lamentablemente, el gigante de bronce no se mantuvo intacto por mucho tiempo. En 226 a. de C., menos de sesenta años después de haber sido construido, un terremoto muy potente sacudió Rodas. Los **temblores** hicieron que la estatua se partiera a la altura de las rodillas. La parte superior cayó y se hizo pedazos contra el suelo.

Mucha gente quería reparar la estatua, incluso el faraón egipcio, quien hasta se ofreció a pagar los gastos de reconstrucción. Inseguro de lo que debía hacer, el pueblo de Rodas le pidió consejo a un sabio. El sabio les dijo que no reconstruyeran la estatua, que la estatua se había derrumbado porque los dioses no estaban contentos. La gente lo escuchó y decidió dejar los restos de la gran estatua exactamente donde habían caído.

Aun en el suelo, el Coloso atraía multitudes. De cerca, parecía aun más grande que antes. La gente trataba de rodear con los brazos los enormes dedos de la estatua. Un escritor de la época observó: "Pocas personas llegan a rodear por completo el pulgar de la estatua".

Detente Piensa Escribe

VOCABULARIO

¿Qué efecto tuvieron los temblores de tierra en el Coloso?

Un ciclo de guerras

Los restos de la estatua permanecieron **expuestos** en el suelo por casi 900 años. En 654 d. de C., Rodas vuelve a entrar en guerra. Pero esta vez, el pueblo fue vencido.

Un príncipe sirio tomó Rodas y sometió a sus habitantes. Luego ordenó a sus soldados que desarmaran el Coloso y cargaran las distintas piezas de bronce en camellos que transportarían el pesado cargamento hasta los barcos que lo llevarían a Siria. Hay quienes dicen que se necesitaron 900 camellos para transportar todo ese metal.

¿Qué hicieron en Siria con todo ese bronce? Algunos piensan que lo fundieron para hacer monedas. Otros opinan que lo fundieron para volver a hacer espadas y escudos, ya que esa era la suerte que corrían muchas de las estatuas de la época. Tal vez el Coloso haya empezado y terminado como equipamiento bélico, algo que la gente de Rodas no habría deseado.

Detente Piensa Escribe

IDEA PRINCIPAL Y DETALLES

¿Por qué dos razones pudo haber ordenado el príncipe de Siria que se llevaran a Siria los restos del Coloso?

____

____

____

Un misterio aún por revelar

Sabemos muchas cosas acerca del Coloso de Rodas, pero algunos detalles siguen siendo un misterio. Por ejemplo, ¿dónde se alzaba la estatua? Un artista del siglo XVI hizo un famoso dibujo del Coloso de pie a la entrada del puerto, con los pies separados, de modo que las naves pasaran entre sus piernas.

Hoy día se sabe que eso no habría sido posible. Los científicos explican que las piernas no pudieron haber estado separadas porque la estatua era demasiado pesada y no se habría mantenido en pie.

Muchos estudiosos piensan que los pies estaban cerca uno del otro y que un brazo debió de haber estado en alto. Tal vez el Coloso sostuviera una antorcha, en cuyo caso, realmente se habría parecido a la Estatua de la Libertad.

Sin embargo, algo es seguro: el Coloso era tan magnífico que nos dejó nuevas palabras. La palabra *coloso* significa "estatua gigantesca". La palabra *colosal* significa "extraordinariamente grande".

Detente Piensa Escribe

IDEA PRINCIPAL Y DETALLES

¿Qué detalles ayudan a los estudiosos a llegar a la conclusión de que el Coloso no pudo haber tenido las piernas separadas?

Vuelve a leer y responde

1 ¿Qué cosas podrías mencionar que hacen del Coloso de Rodas una "gran" estatua?

____

____

____

Pista

Busca pistas en las páginas 195, 196, 197 y 198.

2 ¿Qué papel desempeñaron las guerras en la historia del Coloso de Rodas?

____

____

____

Pista

Busca pistas en las páginas 195, 196 y 199.

3 ¿Cómo hicieron los trabajadores para construir una estatua tan enorme?

____

____

____

Pista

Busca una pista en la página 197.

4 ¿Por qué los habitantes de Rodas no reconstruyeron el Coloso cuando se derrumbó?

____

____

____

Pista

Busca una pista en la página 198.

Lección 21

La amistad

VOCABULARIO CLAVE

abrupto
exclamar
finalmente
rencoroso
riesgo

1 —Esa chica nueva, Beth... ¡es rara! —**exclamó** Lucy frente a su amiga Mara. Se había olvidado de que Beth y Mara eran primas.

Piensa en alguna vez en que hayas exclamado algo por lo que después te sintieras mal. Cuenta qué pasó.

____

____

____

2 De un momento a otro, Mara dejó de hablarle a Lucy. Lucy no entendía ese cambio **abrupto** de Mara.

Escribe un antónimo de abrupto.

____

3 Lucy sabía que su amistad con Mara estaba en **riesgo**. Si no lograban superar sus desacuerdos, corrían peligro de perder la amistad.

¿Por qué la amistad de Lucy y Mara estaba en riesgo?

____

____

____

4 Lucy no sabía por qué Mara se mostraba **rencorosa** con ella. Lucy no recordaba haber hecho o dicho nada para herir a su amiga.

Describe alguna vez que alguien se haya mostrado <u>rencoroso</u> contigo.

____

____

____

5 **Finalmente**, Lucy le preguntó a Mara por qué estaba enojada. Cuando Lucy se dio cuenta de lo que había hecho, se sintió muy mal.

Si no te comportas bien con un amigo, ¿qué podría llegar a pasarle <u>finalmente</u> a la relación?

____

____

____

La música que todos prefieren

por Mia Lewis

Jay Kovak y Julio Santiago vivían en un vecindario de gente de todas las razas y nacionalidades. La gente hablaba inglés, pero también podía oírse chino, portugués, ruso, creole, laosiano y español de distintas zonas.

Todos los veranos, los vecinos daban una gran fiesta. Siempre había muchas cosas que comer, y entretenimiento y música. Los vecinos se turnaban para organizar la fiesta. Este verano le tocaba a la familia Santiago.

Julio estaba muy entusiasmado. Su mamá lo había puesto a cargo de la música. El año pasado, los Kovak habían organizado la fiesta. Jay se había encargado de la música, con la ayuda de Julio, claro está.

Jay y Julio eran amigos del alma desde el preescolar. Ahora estaban en la misma clase de sexto grado y seguían igualmente unidos. Julio tenía un nuevo amigo que se llamaba Eli Jones. Julio pensaba preguntarle a Eli si él también quería ayudarlo a elegir la música.

Detente Piensa Escribe

COMPARAR Y CONTRASTAR

¿En qué se diferencian los preparativos para la fiesta de este año de los del año anterior?

____

____

____

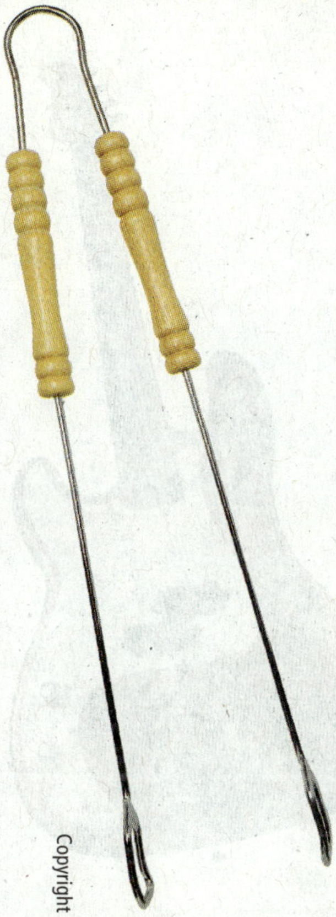

La Sra. Santiago estaba preocupada por la música que pudieran elegir los chicos.

—Se supone que la música *entretenga* a los invitados —les recordó—. Debe hacerlos querer cantar y bailar. Tiene que ser una música *para todo el mundo*.

—No te preocupes, Mami —le dijo Julio—. Esta fiesta va a ser la mejor de todas. Y nosotros tres nos lo vamos a pasar muy bien trabajando juntos. ¿Verdad, Jay? ¿Verdad, Eli?

—¡Verdad! —dijo Eli—. Yo me conozco todos los grandes éxitos. Déjelo por mi cuenta, Sra. Santiago.

Jay no dijo nada. Él no pensaba que fuera a ser divertido trabajar con Eli. Eli ni siquiera vivía en el mismo vecindario.

La Sra. Santiago se dio cuenta de la reticencia de Jay. A ella le preocupaba que tres chicos fueran a ser demasiados para encargarse de esa parte de los preparativos. Esperaba que la amistad de Julio y Jay no estuviera en **riesgo**.

Detente Piensa Escribe

COMPARAR Y CONTRASTAR

¿Qué le parece a Julio que los tres chicos trabajen juntos? ¿Cómo se siente Jay al respecto?

—Pongamos mucha música latina que es la mejor para bailar —propuso Julio cuando los tres empezaron a planear.

—La música latina es genial —confirmó Jay—. A los vecinos les encantó la que pusimos en la fiesta del año pasado. Y agreguemos algunos favoritos de *rhythm and blues* para nuestros padres.

—¿Están de broma, chicos? —irrumpió Eli—. ¿Quién quiere oír todo ese vejestorio? Pongamos lo que está de moda: las canciones de hip hop en lo más alto de las listas de audiencia.

—¿Y a ti quién te preguntó nada? —**exclamó** Jay—. A nuestros vecinos no les gusta esa música.

Jay no era una persona **rencorosa**, pero no le gustaba la actitud de sabelotodo de Eli. Le molestaba que Julio permitiera que Eli opinara sobre la fiesta de ellos. Habría querido que fueran solo Julio y él los que planearan la música, como el año pasado.

Detente **Piensa** **Escribe**

VOCABULARIO

Cuando Jay exclama "¿Y a ti quién te preguntó nada?", ¿qué dio lugar a esa reacción?

____

____

____

—Esperen —dijo Julio con calma—. No hace falta enojarse. A mucha gente le gusta el hip hop, Jay. Por algo está en los primeros puestos de las listas. ¡Hasta *a mí* me gusta!

—Es verdad —dijo Eli, orgulloso de sí mismo, como si hubiera ganado un concurso—. Todo cambia, ¿ves?

—Pero Eli, a mí me gusta la música latina también, y a mi mamá le gusta el *rhythm and blues* —dijo Julio—. A la fiesta va a venir gente muy distinta, así que tenemos que tener música para todos los gustos: disco, funk, mambo, *rhythm and blues*, country *y* rap. Nuestro vecindario está por la diversidad.

—Sí —dijo Jay, aprobando la idea de Julio—. ¡Nuestro vecindario es una mezcla de todo! Tenemos que poner una selección de música que les guste *a todos* nuestros vecinos.

Detente **Piensa** **Escribe**

COMPARAR Y CONTRASTAR

Compara y contrasta las ideas de Eli sobre la música para la fiesta que aparecen en las páginas. 206 y 207, con las ideas de Julio y Jay.

Eli se quedó un rato en silencio. Era evidente que estaba pensando en algo. **Finalmente** dijo:

—¿Saben que tienen razón? La cuestión en música no es lo que está de moda, sino lo que le gusta a la gente. Fíjense lo que dijo la mamá de Julio: la música tiene que ser tal que *todo el mundo* quiera bailar y cantar. Sin embargo, ¿cómo podemos saber lo que le gusta a todos? Tal vez haya música bailable china de la que no sabemos nada. O brasileña. Además, ¿qué hay de ese tipo cascarrabias que vive en la esquina? ¿Qué tipo de música le gusta *a él*?

Jay sonrió. Eli estaba hablando del Sr. Bromley, que siempre se sentaba en el porche de su casa y le gruñía a todo el que pasaba. Saludaba a los chicos espetándoles una **abrupta** advertencia:

—Fuera, niños, fuera, que me arruinan el césped.

Si Eli se había percatado del Sr. Bromley, ¡probablemente conociera el vecindario mejor de lo que Jay había pensado!

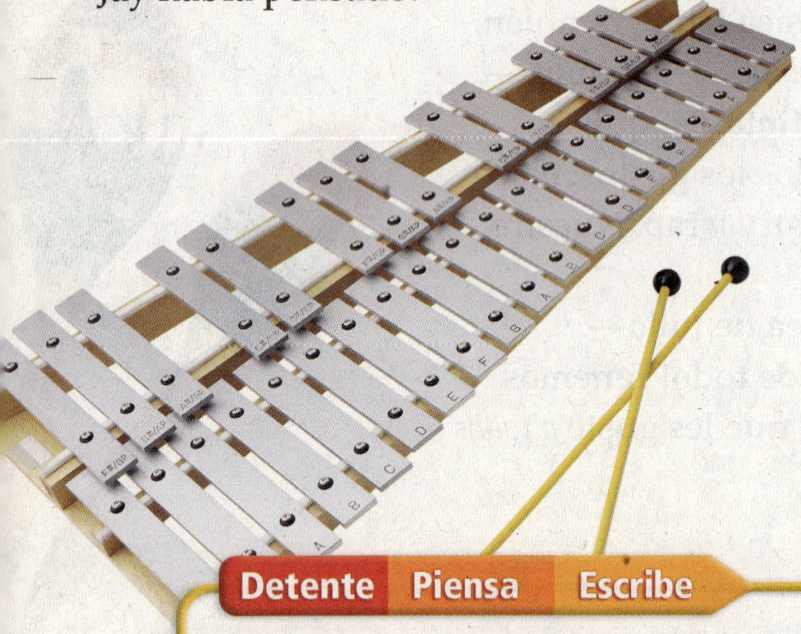

Detente **Piensa** **Escribe**

VOCABULARIO

En el último párrafo, ¿por qué se describe como abrupto el saludo del Sr. Bromley?

____

____

____

—Qué bueno que hayas pensado en el Sr. Bromley —dijo Julio—. Pero reconozcámoslo: no hay modo de incluir la música favorita de cada persona del vecindario.

—Es cierto —dijo Jay—, pero coincido en que es una linda idea.

—¡Es más que una idea! —dijo Eli sonriendo—. ¡Si trabajamos juntos, podemos lograrlo!

Eli tenía un plan. Le pedirían a cada vecino una grabación de su música favorita. ¡Luego harían un disco incluyéndolas todas! El CD final ¡realmente sería la música favorita de *todo el mundo*!

Jay tenía que admitir que la idea de Eli era brillante. Eli había estado dispuesto a cambiar de idea acerca de qué música poner. Tal vez fuera hora de que Jay cambiara de idea sobre Eli.

Detente Piensa Escribe

INFERIR Y PREDECIR

¿Por qué piensa Jay que la idea de Eli es brillante?

____

____

____

Los chicos pusieron en práctica el plan de Eli. Fueron de casa en casa, juntando las grabaciones. Cuando terminaron, tenían discos de hacía cincuenta años, casetes de hacía veinticinco, discos compactos y documentos digitales en lápices de memoria USB. La música era una verdadera mezcla de generaciones y nacionalidades.

A Jay le encantó escuchar tantos tipos diferentes de música. Y hasta le gustó trabajar con Eli. Empezaba a entender por qué Julio y Eli eran tan amigos.

Ese año, la fiesta del vecindario fue un éxito en todos sentidos. El sol de julio brilló con fuerza. La comida fue sabrosa y picante, gracias a los platos latinos de la Sra. Santiago. Y más que nada, la música gustó tanto, tantísimo, que nadie dejó de bailar hasta la medianoche.

¿Y saben qué? ¡Hasta el Sr. Bromley bailó!

Detente Piensa Escribe

COMPARAR Y CONTRASTAR

¿En qué se diferencia la música de la fiesta de este año de la de años anteriores?

Vuelve a leer y responde

1 **Al principio del relato, a la Sra. Santiago le preocupan dos cosas. ¿Cuáles son?**

Pista
Busca pistas en la página 205.

2 **Al principio, ¿qué tipo de música piensan Julio y Jay que deberían poner en la fiesta? ¿Qué piensa Eli en cambio?**

Pista
Busca pistas en la página 206.

3 **¿Cómo cambia de idea Eli sobre qué música poner? ¿Qué lo hace cambiar de idea?**

Pista
Busca pistas en las páginas 207 y 208.

4 **Compara y contrasta cómo se siente Jay por tener que trabajar con Eli al principio del cuento y cómo se siente al final.**

Pista
Busca pistas en las páginas 205, 206, 208 y 209.

Lección 22

VOCABULARIO CLAVE

condición
decrépito
frustración
instinto
severo

Los primeros intentos de volar

1 Las aves saben volar por **instinto**. Cuando nacen, ya saben batir las alas. Para un pájaro, volar es algo natural.

Describe algo más que los animales hagan por instinto.

2 A lo largo de la historia, la humanidad ha soñado con poder volar. Los primeros intentos acabaron en **frustración**, ya que las primeras máquinas voladoras no funcionaron muy bien.

¿Qué te causa frustración?

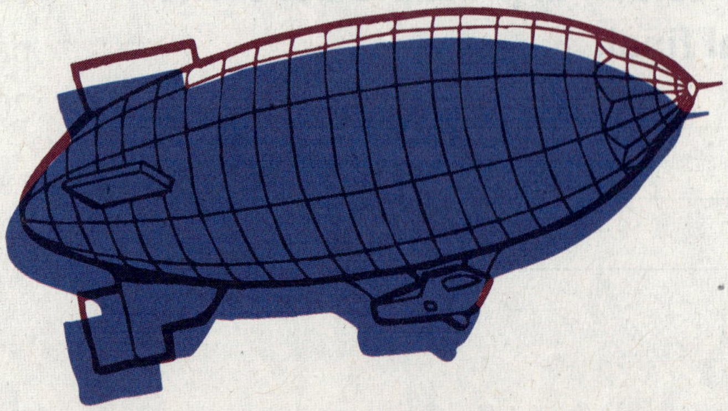

3 Algunos de los primeros inventores construyeron máquinas voladoras con materiales muy ligeros, que planearían en las corrientes de aire. Estas aeronaves solían quedar destruidas si se encontraban con vientos fuertes y **severos**.

Escribe un antónimo de severo.

___

4 Los inventores buscaban lugares en los que se dieran las mejores **condiciones** para probar sus aeronaves. La velocidad y la dirección del viento tenían que ser perfectas para permitir que la nave alzara vuelo.

¿Cuáles son las mejores condiciones para hacer las tareas de la escuela?

___

___

___

5 Con el paso del tiempo, las aeronaves se desgastaban y se volvían **decrépitas**. Si no se cuidaban con atención, podían llegar a quedar completamente destartaladas.

¿Qué otras cosas podrían volverse decrépitas con el tiempo? ¿Por qué?

___

Amelia Earhart
Una piloto pionera

por K.C. Archer

Amelia Earhart fue una pionera que cambió la concepción que se tenía de los vuelos y los pilotos. También cambió la manera de pensar de la gente acerca de lo que las mujeres pueden llegar a lograr.

Amelia Earhart nació el 24 de julio de 1897. A los diez años, en una feria del estado, vio por primera vez un avión. Pero esa máquina herrumbrienta y **decrépita** no la impresionó demasiado.

Cuando tenía veinte años, Amelia asistió con una amiga a una exhibición de vuelos acrobáticos. Los pilotos hacían pruebas con sus aviones. Uno de ellos, al ver a las dos jóvenes, intentó asustarlas dirigiendo su nave directamente contra ellas. Pero Amelia ni se inmutó.

Más que asustarse, quedó fascinada. Fue entonces cuando supo que su futuro estaba en la aviación.

Detente Piensa Escribe

VOCABULARIO

¿Cómo se vería una aeronave decrépita?

La joven Amelia

A los amigos de Amelia no les sorprendió su interés en los aviones. Amelia siempre había sido una amante de la aventura y le gustaba hacer cosas que estaban fuera del alcance de las mujeres de su época. Incluso tenía un álbum en el que guardaba recortes de artículos sobre mujeres pioneras. La mayoría de ellos trataban de mujeres del mundo de la ingeniería, el derecho y muchos otros campos dominados por los hombres. Amelia sabía que las mujeres eran tan inteligentes y competentes como ellos. Y quería demostrárselo al mundo.

En 1915, Amelia terminó la escuela secundaria. Durante la Primera Guerra Mundial, trabajó como ayudante de enfermería en Canadá, donde atendía a los soldados heridos en combate. Más adelante, ingresó a la universidad y luego obtuvo un empleo como trabajadora social. Empezó a ahorrar dinero.

Detente **Piensa** **Escribe**

CONCLUSIONES Y GENERALIZACIONES

¿Qué detalles te permiten llegar a la conclusión de que Amelia Earhart era distinta a la mayoría de las mujeres de su generación?

Volar en *El Canario*

El 3 de enero de 1921 la vida de Amelia cambió para siempre. Ese día tomó su primera clase de aviación. A Amelia le encantaba volar y aprendía muy rápido. Tenía **instinto** para la aviación.

Seis meses después de comenzar a volar, Amelia compró su primer avión. Era pequeño y amarillo, y con capacidad para solo dos personas. Lo llamó *The Canary* (El Canario).

En octubre de 1922, Amelia voló en su avión a una altura de 14,000 pies. ¡Era la primera vez que una mujer volaba tan alto! Amelia ya comenzaba a batir récords pero, más que alegría, lo que sintió fue **frustración**. Había establecido un récord mundial, pero a nadie le importó. Aunque el mundo no la consideraba una gran piloto, ella no se dio por vencida. Mantuvo su empleo de trabajadora social y siguió volando en sus ratos libres. Su gran hazaña llegaría unos años más tarde.

Detente Piensa Escribe

CONCLUSIONES Y GENERALIZACIONES

¿Por qué el mundo no consideraba a Amelia Earhart una gran piloto?

Un sueño hecho realidad

En 1928, Amelia recibió la llamada de un hombre que le proponía cruzar en avión el Océano Atlántico. Amelia no cabía en sí de alegría, pero a la vez se preguntaba si la llamada no sería una broma. ¿Por qué iba alguien a proponerle *a ella* una misión tan peligrosa e importante?

Amelia confirmó que la llamada era real y aceptó la propuesta. Viajó a Nueva York y conoció a las personas que sobrevolarían el Atlántico con ella. Su copiloto, Wilmer "Bill" Stultz, era muy conocido y respetado. Louis E. "Slim" Gordon viajaría con ellos como mecánico. Su trabajo sería arreglar cualquier problema técnico del avión durante el vuelo.

Detente Piensa Escribe

CONCLUSIONES Y GENERALIZACIONES

¿Por qué habría pensado Amelia Earhart que la llamada que recibió no era real?

___

___

___

Un viaje famoso mundialmente

El 17 de junio de 1928, Amelia, Bill y Slim partieron de la costa este de Canadá. Volaban en un pequeño avión llamado *Friendship* (Amistad). Este avión era más rápido que los demás aviones de la época, pero aun así, tardaron casi veintiuna horas en llegar a Gran Bretaña. Fue un viaje largo y difícil, y las **condiciones** que soportaron dentro de la aeronave fueron **severas**. Amelia y su tripulación atravesaron bancos de niebla, tormentas, e incluso vientos tan fuertes que los hicieron desviarse de su ruta.

Cuando llegaron a Gran Bretaña, Amelia, Bill y Slim se hicieron famosos en el acto. Personas de todas partes del mundo sabían de su viaje. Por fin, Amelia recibía el reconocimiento merecido por su audacia y su habilidad.

Amelia estaba feliz, pero no quería quedarse ahí. Quería hacer más cosas. De modo que decidió dedicarse a establecer nuevos récords. De ahí en adelante, el límite era el cielo.

Detente Piensa Escribe

VOCABULARIO

¿Qué tuvo de severo el cruce del Atlántico?

Batiendo récords

En 1929, Amelia pasó a formar parte de la Asociación Nacional de Aeronáutica. Quería establecer récords de vuelo específicos para mujeres. Ella misma estableció y batió muchos de ellos, incluso el récord de mayor velocidad en un avión.

En 1932, Amelia voló por segunda vez sobre el Atlántico. Esta vez, viajó ella sola. Era la primera mujer que cruzaba el Océano Atlántico en solitario. Tardó solo catorce horas y cincuenta y seis minutos en hacer el trayecto.

Más adelante, ese mismo año, Amelia estableció un récord de velocidad. Atravesó en avión los Estados Unidos en diecinueve horas y cinco minutos. En 1933, repitió el vuelo y batió su propio récord. Dos años más tarde, recorrió las más de 2,400 millas que separan California de Hawai. Nada parecía poder detenerla.

El impacto que sus intrépidas hazañas tenía en la gente hizo que Amelia se exigiera aún más. Siempre estaba dispuesta a probar nuevos y apasionantes desafíos.

Detente Piensa Escribe

CAUSA Y EFECTO

¿Cuál era la causa de que Amelia Earhart intentara batir récords cada vez más difíciles?

____

____

____

¿Qué fue de Amelia Earhart?

Poco antes de cumplir cuarenta años, Amelia Earhart decidió volar alrededor del mundo. Iba a ser su viaje más peligroso hasta la fecha.

Amelia partió de Florida y voló durante un mes en dirección este. Paró en África, India y, finalmente, Papúa Nueva Guinea.

El último tramo del viaje sería sobre el Océano Pacífico. Durante el vuelo, Amelia perdió contacto con los guardacostas de Estados Unidos. Su avión desapareció. Día tras día partieron misiones de rescate en busca de Amelia, pero ninguna encontró rastro de ella.

Hasta el momento, nadie sabe exactamente qué ocurrió.

Amelia Earhart pasó a la historia como una mujer que cambió el mundo. Fue una verdadera pionera de la aviación.

Detente Piensa Escribe

COMPRENDER A LOS PERSONAJES

¿Qué hizo de Amelia Earhart una pionera?

___

___

___

Vuelve a leer y responde

1 Cuando Amelia Earhart era joven, volar era una ocupación peligrosa. ¿Por qué a sus amigos no les sorprendió su interés en volar?

____

____

____

Pista
Busca pistas en la página 215.

2 ¿Por qué a Amelia Earhart le atraía el desafío de establecer y batir récords?

____

____

____

Pista
Busca pistas en las páginas 214, 215, 216, 218 y 219.

3 En general, ¿cómo vivió su vida Amelia Earhart?

____

____

____

Pista
Encontrarás pistas en casi todas las páginas.

4 ¿De qué maneras crees que Amelia Earhart cambió lo que pensaba la gente sobre lo que podían lograr las mujeres?

____

____

____

Pista
Piensa en todo lo que hizo Amelia Earhart.

Lección

23

VOCABULARIO CLAVE

desdén
desprecio
exasperación
intensamente
remitir

Tiempos de guerra

El 7 de diciembre de 1941, los aviones japoneses atacaron Pearl Harbor, Hawai. Estados Unidos le declaró la guerra a Japón y luego Alemania le declaró la guerra a Estados Unidos, que de ese modo entró en la Segunda Guerra Mundial. Los soldados estadounidenses lucharon **intensamente** contra el enemigo.

En Estados Unidos vivían muchos ciudadanos de origen japonés y alemán. Pero otros estadounidenses empezaron a sospechar de ellos, a mostrarles odio y **desprecio**, y a tratarlos con **desdén**. Algunos pensaban que los estadounidenses de raíces japonesas ayudarían a Japón, de modo que el gobierno de Estados Unidos ordenó que los ciudadanos de origen japonés fueran trasladados a campos de detención. No hubo campos equivalentes para los estadounidenses de raíces alemanas.

Muchos estadounidenses de origen japonés sintieron gran **exasperación** ante las duras condiciones de vida y las sospechas que debían soportar. Sin embargo, debieron permanecer en los campos hasta que Japón se rindió, en 1945. Una vez que el temor **remitió**, se cerraron los campos.

1 Algunos estadounidenses movidos por el miedo actuaron con ______________________ hacia los ciudadanos de origen japonés y alemán.

2 Los estadounidenses de origen japonés mostraron ______________________ por las condiciones en que vivían en los campos de detención.

3 Los campos de detención se cerraron cuando el temor ______________________.

4 Cuando uno está decidido a hacer algo, se dedica intensamente a ello. Describe la última vez que te dedicaste intensamente a algo.

____

____

____

5 ¿Por qué una persona podría sentir desprecio por otra?

____

____

____

¡También es Mi País!

Por Margaret Maugenest

Corría el año 1941. Nuestra vida era plácida y agradable. Mi familia era dueña de un pequeño hotel en Los Ángeles. Mi hermano Joe tenía diez años y yo, doce. Éramos típicos chicos estadounidenses, nos iba bien en la escuela y jugábamos con nuestros amigos. A Joe le gustaba el béisbol y yo tomaba clases de arte.

Mis padres, Izumi y Kenji Natsumi, habían nacido en Japón. Se habían casado cuando tenían alrededor de veinte años y luego se habían venido a vivir a los Estados Unidos. Trabajaron en una fábrica y ahorraron todo lo que pudieron. Con la ayuda de un préstamo bancario pudieron comprar el hotel.

Vivíamos en una casa pequeña. Mi padre trabajaba mucho en el hotel y mamá estaba a cargo de la casa. A Joe y a mí nos encantaba ir al hotel y conocer a toda la gente que paraba allí.

Detente Piensa Escribe

CAUSA Y EFECTO

¿Qué pudieron hacer los padres de la narradora gracias a haber trabajado mucho y haber ahorrado dinero?

Pero el 7 de diciembre de 1941, nuestra vida cambió para siempre.

Joe y yo estábamos jugando a la pelota cuando mamá nos llamó:

—¡Sue, Joe, vengan enseguida!

En cuanto entramos a casa pudimos oír las noticias por la radio. Había habido un ataque en Pearl Harbor, Hawai. Nosotros sabíamos que la Marina de los Estados Unidos tenía muchos barcos allí.

—Japón acaba de atacar a los Estados Unidos —dijo mi madre. Joe y yo nos miramos sin saber qué pensar.

Sonó el teléfono. Era papá. Oí que mi madre hablaba y lloraba. Nos quedamos todo el día en la casa, escuchando la radio, preocupados.

Al día siguiente, Joe y yo fuimos caminando a la escuela como de costumbre. Por el camino nos cruzamos con Sam, el amigo de Joe. Sam desvió la mirada:

—Mi mamá dice que no puedo volver a jugar contigo.

Detente Piensa Escribe

CAUSA Y EFECTO

¿Por qué la mamá les dice a Sue y a Joe que entren a la casa enseguida?

____

____

____

Joe no entendió por qué Sam le había dicho eso. Yo pensé: "Debe de ser por el bombardeo japonés. Pero ¿cómo la mamá de Joe puede pensar que nosotros tenemos nada que ver con eso? Somos estadounidenses. ¡Hemos nacido aquí!"

Poco después, Estados Unidos entró en la Segunda Guerra Mundial para luchar contra Alemania y Japón. Todo el mundo estaba nervioso y preocupado por la guerra. Algunas personas empezaron a mirarnos con **desprecio**, aun cuando no tenían ninguna razón para odiarnos. Nos trataban con **desdén**, como si hubiéramos hecho algo horrible. Yo me sentía muy triste.

En marzo de 1942, mamá nos dio una terrible noticia. El gobierno de los Estados Unidos estaba obligando a dejar sus casas a los ciudadanos de origen japonés que vivían en algunos estados de la costa del Pacífico. Se temía que Japón atacara la Costa Oeste y que los japoneses que vivían allí colaboraran con el enemigo.

Detente Piensa Escribe

VOCABULARIO

¿Cómo te sentirías si alguien te tratara con desprecio aun cuando no has hecho nada malo?

____

____

____

—¿Pero adónde nos vamos a ir? —pregunté.

—No sé —respondió mi madre.

—¿Cuánto tiempo vamos a estar fuera? —quiso saber Joe.

—Quién sabe —respondió mamá con tristeza.

Mis padres comentaron la situación con otros amigos japoneses. Así fue como se enteraron de que había unos diez campos de detención en los que iban a ser confinados los estadounidenses de origen japonés. Teníamos apenas unas semanas para dejar nuestra casa y presentarnos en uno de esos campos.

En las tres semanas siguientes, vendimos casi todas nuestras pertenencias —el auto, los muebles, los libros y hasta la casa. También obligaron a papá a vender el hotel a un precio muy bajo. Nuestra vecina, la Sra. Daniels, nos permitió guardar algunas cosas en el sótano de su casa. No nos llevamos prácticamente más que la ropa que necesitaríamos en el campo de detención. Nunca lloré tanto como ese día. De un momento a otro, mi vida alegre y apacible se había transformado en una pesadilla.

Detente Piensa Escribe

CAUSA Y EFECTO

¿Por qué la familia vendió todas sus pertenencias y el hotel?

____

____

____

Al final de ese mes, tomamos un tren hacia el este de California. Se nos había destinado a un campo llamado Manzanar.

Cuando llegamos, unos guardias nos inspeccionaron e interrogaron **intensamente**. Nos asignaron una barraca minúscula para que viviéramos allí. Dentro había unas pequeñas colchonetas de paja. Mi padre estaba furioso, pero se sentó y no dijo nada.

El campo estaba rodeado por una valla de alambre de púa. Por todos lados, había guardias armados para asegurar que nadie huyera. Más de diez mil estadounidenses de origen japonés estaban viviendo allí. Y todos se preguntaban por qué eran forzados a vivir de ese modo, *en su propio país*. No habían hecho nada malo. Algunos sentían verdadera **exasperación** ante una situación tan injusta.

Para sentirme mejor, traté de escribir poemas. Los meses pasaban e íbamos arreglándonos, pero me daban mucha pena los niños y niñas pequeños obligados a vivir en el campo.

Detente Piensa Escribe

COMPRENDER A LOS PERSONAJES

¿Cómo se siente Sue por tener que vivir en el campo de detención Manzanar?

En la primavera de 1944, Estados Unidos estaba ganando la guerra. El miedo a que los ciudadanos de origen japonés ayudaran a Japón finalmente **remitió**. A principios de 1945, el gobierno de los Estados Unidos anunció que a fines de ese año cerraría los campos. Todo el mundo quedaría en libertad.

Estábamos contentos, pero preocupados. ¿Qué pasaría cuando volviéramos a casa? ¿Dónde viviríamos? ¿En qué trabajaríamos? Habíamos perdido nuestra casa, nuestras pertenencias, ¡y hasta el hotel!

En abril de 1945, finalmente dejamos Manzanar. Nuestra antigua vecina, la Sra. Daniels, fue a recogernos a la estación de tren de Los Ángeles. Nos dirigimos a Long Beach, donde vivía mi tío. Él también había estado en un campo de detención, pero unos vecinos habían quedado a cargo de su casa. Íbamos a quedarnos con él hasta que pudiéramos reiniciar nuestra vida.

Detente Piensa Escribe

VOCABULARIO

¿Qué pasó cuando remitió el miedo a los estadounidenses de origen japonés?

___

___

___

Cuando íbamos hacia Long Beach, Joe preguntó:

—Sra. Daniels, ¿podríamos pasar por nuestra antigua casa?

Mis padres se miraron. Ellos también querían ver la casa, pero al mismo tiempo *no querían* verla. Papá le hizo una seña a la Sra. Daniels para que nos llevara hasta allí.

Nuestra calle se veía igual. Mis padres le habían vendido la casa a un matrimonio mayor y la Sra. Daniels nos dijo que la tenían muy bien cuidada. Aun así, ninguno de nosotros pudo dejar de sentirse muy triste cuando pasamos por allí. Pero además de tristeza, yo también sentí ira: mis padres habían trabajado tanto para tener esa casa, y la habían perdido solo por ser estadounidenses de origen japonés.

Al principio, fue difícil retomar nuestra antigua forma de vida. Pero con el tiempo, las cosas fueron volviendo a la normalidad. Jamás olvidaríamos nuestra experiencia, pero habíamos sobrevivido y estábamos juntos.

Detente Piensa Escribe

CAUSA Y EFECTO

¿Por qué la narradora siente ira cuando ve su antigua casa?

____

____

____

Vuelve a leer y responde

1 **¿Por qué el gobierno de Estados Unidos obligó a los estadounidenses de origen japonés a vivir en campos de detención?**

Pista
Busca pistas en las páginas 226 y 227.

2 **¿Qué consecuencias tuvo ir al campo de detención para la familia que protagoniza esta historia?**

Pista
Busca pistas en las páginas 227, 228 y 229.

3 **¿Cómo se siente la familia al volver a ver su antigua casa?**

Pista
Busca una pista en la página 230.

4 **¿Cómo sabes que la familia de la narradora tuvo mucha fortaleza y valentía?**

Pista
Encontrarás pistas en casi todas las páginas.

Lección 24

VOCABULARIO CLAVE

controversia
distinguido
importancia
prejuicio
tender

La Corte Suprema

La Corte Suprema es el más alto tribunal de justicia de los Estados Unidos. Está formada por nueve (1) ______________________ jueces, también llamados *justices*, en inglés. La Corte Suprema solo juzga casos sumamente importantes que no pudieron ser resueltos en tribunales más bajos.

Cuando hay un desacuerdo legal entre dos o más personas, estas por lo general llevan el caso a una corte local para que lo resuelva. Si una de las partes está en desacuerdo con la decisión de la corte local, puede llevar el caso a un tribunal superior alta. En una (2) ______________________ legal, es probable que las dos partes presenten argumentos muy fuertes a su favor. Aun después de que las cortes local y estatal hayan decidido un caso, una de las partes podría no sentirse satisfecha con el resultado.

Edificio de la Corte Suprema, Washington, D.C.

Los jueces de la Corte Suprema determinan si un caso es lo suficientemente importante como para que ellos lo consideren, pues su función es atender solamente casos de gran 3 ____________________. La Corte Suprema ha atendido casos de 4 ____________________ hacia personas que sentían que habían sido tratadas injustamente por su género, su religión o el color de su piel.

Después de escuchar ambos lados de un caso, los jueces de la Corte Suprema pueden 5 ____________________ a apoyar a un lado o al otro. Deben considerar cuidadosamente todos los argumentos y estudiar con detenimiento cómo se aplican a ese caso en particular las leyes nacionales y la Constitución. Luego votan. Las decisiones de la Corte Suprema invalidan cualquier decisión anterior de las cortes inferiores.

Thurgood Marshall y la igualdad de derechos

por Richard Stull

Sesenta años atrás, las leyes de muchos estados eran injustas para los afroamericanos. Las leyes aseguraban que los afroamericanos fueran segregados, es decir, apartados, de las personas de raza blanca. Los afroamericanos no podían comer en los mismos restaurantes ni dormir en los mismos hoteles que los blancos. También tenían que usar distintos baños en las estaciones de trenes y otros lugares públicos. Tenían que sentarse en la parte trasera de los autobuses, pues los asientos de adelante estaban reservados para los blancos.

El mensaje era muy claro: los afroamericanos debían "mantenerse en su lugar". Las leyes se ocupaban de que no pudieran recibir el mismo trato que las personas blancas.

Detente Piensa Escribe

PROPÓSITO DEL AUTOR

¿Cómo indica el autor que era necesario que los afroamericanos lucharan por la igualdad de derechos?

____

____

____

Marshall le dijo a la corte que los niños blancos y negros siempre jugaban juntos. Jugaban después de la escuela. Jugaban en las plazas y en los campos de béisbol.

Luego señaló que en el único lugar en que se los separaba era en la escuela. Marshall dijo que separar a los niños negros de los blancos era solo una manera de hacer que los niños negros se sintieran inferiores o menos importantes. Marshall se refirió a ese proceso como "el lamentable legado de la esclavitud en los Estados Unidos".

Algunos de los jueces de la Corte Suprema **tendieron** a coincidir con Marshall. Otros no.

¿Debían asistir a las mismas escuelas los niños blancos y los niños negros? La corte no lograban resolver la **controversia**.

Salón de clase de una escuela primaria durante la segregación

Detente Piensa Escribe

VOCABULARIO

¿Cuál era la controversia que Thurgood Marshall y el Consejo de Educación de Topeka presentaron ante la Corte Suprema?

gunos estados también
. La ley ordenaba que no se
scuelas que los estudiantes
sus propias escuelas, que
gar a los maestros y comprar
os blancos.
caso conocido como *Brown*
orte Suprema.
as. Linda Brown era una
que vivía en Topeka. Cuando
niños blancos que quedaba
acerlo. Por lo tanto, no tenía
ra asistir a una
aba a más de una
Linda Brown
eka. Otros doce
nieron a su

CAUSA Y EFECTO

**tudiantes afroamericanos
ción de Topeka?**

La NAACP colabora

La Asociación Nacional para el Progreso de las Persona
Color (NAACP, por sus siglas en inglés), es un grupo que a
los afroamericanos. El grupo pensaba que el caso de Linda
podía ser de mucha **importancia** para la gente negra, de m
decidió colaborar con el Sr. Brown y los otros padres. Lo qu
asignarle el caso a un abogado llamado Thurgood Marshall

Marshall había nacido en 1908 y se había criado en Balt
Maryland. Al terminar la escuela secundaria, ingresó a la
Universidad Lincoln —la primera universidad afroamerica
país. Más tarde estudió derecho.

Marshall tenía experiencia en la lucha por los derechos
gente negra en los Estados Unidos. Había ganado algunos
importantes, incluso uno que había llegado a la Corte Supr
ese caso, la corte había decidido que una ley de Texas era ir
los votantes afroamericanos.

La Escuela de Leyes de la Universidad de Maryland, la ciudad natal de Marshall, se negó a admitir a Marshall por ser afroamericano.

gumentación final de Marshall

llegó a la Corte Suprema en 1952. Thurgood Marshall
argumentación final ante los **distinguidos** jueces: "La
ra de lograr una igualdad entre dos personas —dijo— es
tengan lo mismo, en el mismo lugar y al mismo tiempo."
o de su argumento, Marshall describió la investigación
co. El médico le había mostrado unas muñecas a un
tudiantes afroamericanos. Una muñeca era negra, otra
nayoría de los estudiantes respondió que la muñeca
buena" y que la muñeca negra era "mala".
ll explicó que el experimento demostraba que los
negros no creían que ellos fueran tan buenos como los
blancos. Marshall pensaba que los niños se sentían así
os mantenía separados de los niños blancos.

Detente **Piensa** **Escribe**

¿Por qué una decisión a favor de Brown podría ser de
importancia para la gente negra?

ensa **Escribe**

IDEA PRINCIPAL Y DETALLES

all, ¿qué probaba el experimento con las muñecas
se sentían los estudiantes afroamericanos?

Una decisión histórica

Unos meses más tarde, Marshall volvió a hablar en la corte. Esta vez, los nueve jueces estuvieron de acuerdo con su propuesta. ¡Había ganado el caso! El 17 de mayo de 1954, la Corte Suprema determinó que la segregación por la raza era ilegal.

El caso hizo de Thurgood Marshall un hombre famoso. Fue nombrado juez de la Corte de Apelaciones de los Estados Unidos. Tiempo después, llegó a ser el primer juez afroamericano de la Corte Suprema, cargo que desempeñó durante 24 años. Durante todo ese tiempo, Marshall luchó por la igualdad de derechos para los afroamericanos. Nadie combatió los **prejuicios** más duramente que él.

Marshall (centro) celebra el fallo de la Corte Suprema en el caso *Brown vs. el Consejo de Educación.*

Marshall (izquierda) marcha por los derechos civiles.

Detente Piensa Escribe

INFERIR Y PREDECIR

¿Cómo crees que afectó la victoria de Marshall en el caso *Brown vs. el Consejo de Educación* a los estudiantes afroamericanos?

Lección

25

✓ VOCABULARIO CLAVE

artificial
dato
definitivo
extraordinario
sensor

Una aspiradora "new age"

1 La nueva aspiradora de la familia Smith es increíble. Tiene una **extraordinaria** habilidad para desplazarse entre los muebles sin ayuda de ningún ser humano.

Describe alguna máquina o herramienta que pienses que tiene una extraordinaria habilidad para hacer algo.

___

___

___

2 La aspiradora tiene **sensores** de movimiento. Si los sensores detectan algo que se mueve, como un gato, la aspiradora cambia de dirección.

Imagina que estás construyendo una máquina voladora. ¿Qué tipo de sensores le pondrías?

___

___

___

3 Dentro de la aspiradora, un chip procesa datos. Parte de esa información viene de los sensores. El resto lo proveen los Smith, dándole instrucciones a la máquina.

Describe algún experimento que hayas hecho. ¿Qué tipo de datos obtuviste?

4 La aspiradora tiene una inteligencia artificial. Puede "pensar" y reaccionar, pero no es un ser vivo.

Describe algo artificial que hayas visto o sobre lo que hayas leído.

5 La Sra. Smith expuso la aspiradora a una prueba definitiva. La colocó en el cuarto de los niños y la encendió en medio de todos sus juguetes.

Describe alguna prueba definitiva a la que hayas debido someter algún juguete o herramienta que hayas tenido.

De últimos a primeros

por John Berry

—Ese robot tenía una **extraordinaria** habilidad para trabarse en todas las esquinas —dijo Jack—. Cada vez que cambiaba de dirección, se trababa. Cada vez que tiraba una pelota, se trababa. Y cada vez que iba para adelante o para atrás, ¡también se trababa!

—De todos modos, a mí me encantaba ese robot. Bola de Azúcar 800. Sé que en este momento estamos empezando una nueva era robótica, pero esa máquina era una belleza. ¿Se acuerdan de cuando casi atropella al director de la escuela? ¡Ahí pensé que no nos salvaba nadie!

—Suerte que el Sr. Stevens estaba allí para explicar lo que pasaba —dijo Tricia, refiriéndose a nuestro mentor—. Porque el resto de nosotros no podíamos parar de reír. De no haber sido por el Sr. Stevens, nos podrían haber expulsado.

—Lo único que hizo BA-800 fue tirar unas pelotas de tenis —dije, usando el nombre formal del robot—. Aun así, me parece que mientras corría tras las pelotas, medio se subió a los talones del director.

Detente Piensa Escribe

SECUENCIA DE SUCESOS

El incidente con BA-800, ¿sucedió recientemente o hace un tiempo? ¿Cómo lo sabes?

____

____

____

Era la primera reunión del año de nuestro equipo de robótica. Éramos quince miembros, más el Sr. Stevens, que trabaja en una empresa de ingeniería. Él se especializa en inteligencia **artificial** y construye máquinas industriales que ven y piensan por sí mismas. Tenía la experiencia perfecta para ser nuestro mentor.

Nuestro equipo se llamaba los "RoboGorilas". El año anterior no nos había ido muy bien: BA-800 se trabó en una esquina en mitad de los juegos regionales. Sarah era nuestra operadora de radio. Por lo general, lograba volver a hacer funcionar a BA-800. Pero esa vez a la máquina se le había soltado un cable. BA-800 siguió dándose contra las paredes hasta que se nos acabó el tiempo. El equipo que competía con nosotros sumó como mil puntos y nosotros terminamos con 125. Los últimos.

Detente **Piensa** **Escribe**

CAUSA Y EFECTO

¿Por qué el año pasado los RoboGorilas salieron últimos en los juegos regionales?

____

____

____

Por fin, dejamos de hablar de BA-800 y pudimos concentrarnos en los juegos regionales de este año. Encendimos una de las computadoras y entramos a ver cuál sería el tema. Una vez en el sitio, cliqueé y salió: "La pelota y el laberinto". Según la información de la página web, cada robot tendría que recorrer un laberinto mientras iba recogiendo pelotas de distintos tamaños.

Seguí leyendo. El laberinto tendría lomas, valles, puentes, pasajes subterráneos y callejones sin salida. Competirían dos robots por vez, recorriendo la pista, recogiendo las pelotas y poniéndolas en una cesta. Los robots tendrían tres minutos para completar la tarea. Cuantas más pelotas recogiera el robot, más puntos ganaría el equipo.

—Va a exigir mucho de los **sensores** —dije. Sabía que nuestro robot iba a necesitar sensores de luz y de movimiento para diferenciar las pelotas de distinto tamaño y adaptar los movimientos para poder agarrarlas. Sacudí la cabeza, tratando de pensar en todas las situaciones en las que el robot podría trabarse.

Detente Piensa Escribe

VOCABULARIO

¿Qué van a tener que detectar los sensores del robot en esta competencia?

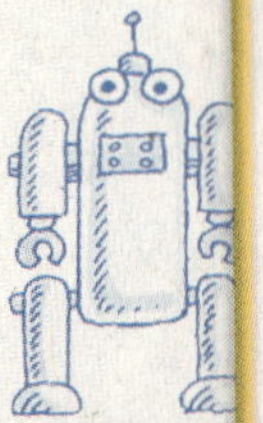

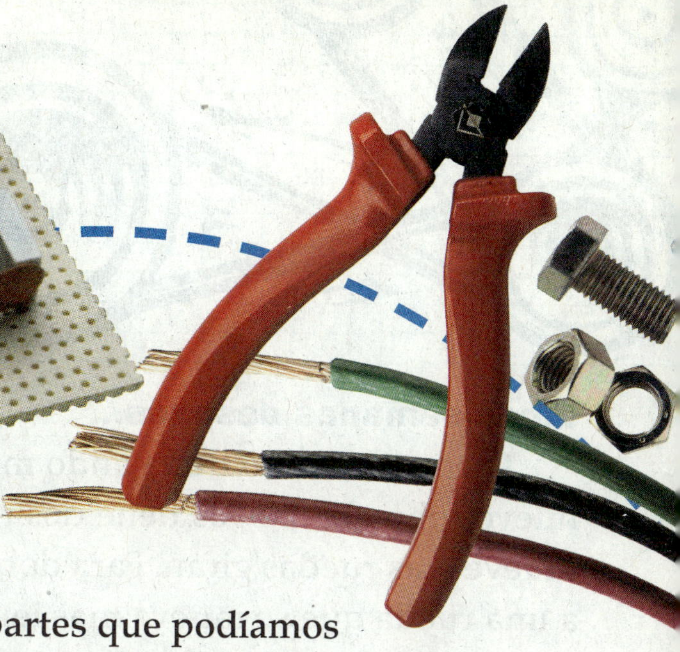

Los RoboGorilas revisamos todas las partes que podíamos usar para construir el robot. Todos los equipos debían usar las mismas partes. Este año podíamos usar unas 400.

—¡Escuchen! —dijo el Sr. Stevens—. Ha habido algunos avances en las partes desde el año pasado, lo que significa que podemos construir un robot mejor. Pero vamos a tener que darnos prisa. Solo quedan seis semanas para la competencia.

Dedicamos mucho tiempo a hablar sobre la nueva central de control. La central de control es como el sistema nervioso del robot. Recibe los **datos** que le envían los sensores y el radiooperador. Por ejemplo, si un sensor indica que hay una esquina a dos pies de distancia, la central de control procesa esa información. Si todo funciona bien, la central de control les indica a otras partes del robot qué deben hacer: si el robot debe detenerse, doblar a la izquierda o dar la vuelta.

Detente Piensa Escribe

VOCABULARIO

Explica qué hace la central de control con los datos que recibe de los sensores del robot.

______

______

______

Cinco semanas después...

Diego ha estado trabajando mucho en las ruedas de nuestro nuevo robot. El BA-900 tiene dos ruedas paralelas. Así es como se mueve. Las ruedas giran. Para doblar, el BA-900 tiene que indicarle a una rueda que se mueva más lenta o más rápidamente que la otra. Nos había costado mucho lograr que el robot se moviera a la velocidad precisa.

Yo había estado ayudando a programarlo. A la central de control hay que indicarle lo que tiene que hacer. Programar implica hablar el lenguaje de la central de control. Todo el grupo había estado aprendiendo C++, el lenguaje que la central entiende.

La prueba **definitiva** va a ser el tiempo autónomo. Así se llama en el juego a los quince segundos que cada robot tiene que operar solo. No puede tener ningún contacto con el radiooperador ni recibir ayuda de sus dueños humanos. De modo que todo debe funcionar a la perfección.

Hoy sometimos al BA-900 a una prueba preliminar. La mayoría de las partes funcionaron bien, pero todavía tenemos que mejorar algunas conexiones.

Detente Piensa Escribe

SECUENCIA DE SUCESOS

¿Qué tienen que hacerle al robot los RoboGorilas después de la prueba preliminar?

—Estoy preocupado —me confió Joe unos días después mientras íbamos para la escuela.

—¿Qué es lo que te preocupa? —le pregunté.

—Creo que Bola de Azúcar 900 es el mejor robot que hemos hecho hasta ahora. Es increíble qué bien recoge todas esas pelotas. Diego lo puso tan a punto que ahora puede girar en una moneda.

—Entonces, ¿cuál es el problema? —insistí.

—Estoy preocupado por Sarah. Parece nerviosa por lo que pasó el año pasado. Necesitamos un radiooperador más seguro de sí mismo. El juego es demasiado intenso como para que la operadora esté nerviosa.

—Va a estar bien —le aseguré—. Sarah sabe manejar la radio mejor nadie. La usa todos los días.

Sin embargo, yo también estaba un poco nervioso. Hacía unos días, BA-900 se había trabado en una esquina. Sarah había logrado hacerlo funcionar de nuevo en solo seis segundos, pero era obvio que se había puesto muy ansiosa.

Detente Piensa Escribe

INFERIR Y PREDECIR

¿Está completamente seguro el narrador de que Sarah reaccionará bien en la competencia? ¿Cómo lo sabes?

____

____

____

BA-900

El día de la competencia...

—RoboGorilas —dijo el Sr. Stevens—, estoy muy orgulloso de ustedes. No importa cuál sea el resultado de la competencia, han hecho un excelente trabajo de ingeniería. BA-900 es un magnífico robot.

Recordé la desilusión que habíamos sufrido el año anterior. Esta vez, quería que ganáramos. Necesitábamos pasar a la competencia nacional. Nuestro orgullo estaba en juego.

—RoboGorilas, ¿están listos? —preguntó el locutor. Nuestros capitanes asintieron. El otro equipo también estaba listo, así que el locutor continuó:

—¡Que comience el juego!

Los tres minutos que siguieron fueron de total confusión. Todo el mundo empezó a gritar. De inmediato, BA-900 se quedó trabado en una esquina. Parecía nuestra condena. Sarah se concentró, ignorando a la multitud y atendiendo solo a los radiocontroles. De pronto, BA-900 dio la vuelta y recogió dos pelotas. Antes de que me diera cuenta, nuestro robot ya había metido las dos pelotas en una cesta y había recogido otra, ¡una bien grande!

BA-900 y los RoboGorilas seguimos funcionando bien hasta que terminó la competencia. Créase o no, ¡ganamos! Próxima parada: La competencia nacional.

Detente Piensa Escribe

SECUENCIA DE SUCESOS

¿Qué fue lo primero que le pasó a BA-900 en la competencia?

Vuelve a leer y responde

1 En la primera reunión del año, ¿qué hacen los RoboGorilas después de hablar sobre BA-800?

Pista
Busca una pista en la página 246.

2 ¿Por qué Joe está preocupado?

Pista
Busca una pista en la página 249.

3 ¿Cómo le va a BA-900 este año comparado con lo que le pasó a BA-800 en los juegos del año pasado?

Pista
Busca pistas en las páginas 245 y 250.

4 ¿Qué van a hacer los RoboGorilas ahora que han ganado el concurso "La pelota y el laberinto"?

Pista
Busca una pista en la página 250.

Lección 26

✓ VOCABULARIO CLAVE

amenaza
innovar
milagroso
tensión
vacío

Trabajar en el espacio

Hay quienes han descrito el espacio como un

(1) ______________________ sin fin. Claro está, el espacio no está vacío en absoluto. Solo lo parece a causa de las enormes distancias que hay entre los planetas y las estrellas. A pesar de los peligros que supone, la gente siempre querrá viajar al espacio. Una manera de hacerlo es a bordo de un transbordador espacial.

El transbordador espacial *Enterprise* les dio a muchos científicos una gran oportunidad para

(2) ______________________ en materia de viajes al espacio. En 1977, el *Enterprise* realizó muchos vuelos. Sin embargo, no viajó al espacio, sino que permaneció dentro de la atmósfera terrestre. Esos viajes permitieron que la tripulación se entrenara y realizara algunas pruebas.

El transbordador espacial *Columbia* fue el primero que voló al espacio. Imaginen el entusiasmo y la **3** ______________ que debe de haber sentido la tripulación inmediatamente antes de que el *Columbia* hiciera su primer viaje, en 1981. El piloto de ese primer vuelo nunca había estado antes en el espacio. Debe de haber parecido **4** ______________ pilotar el trasbordador hasta el espacio y luego volver a Tierra con éxito.

A veces el transbordador puede sufrir daños durante el despegue. Ese daño puede ser una **5** ______________ que haga peligrar el vuelo. Cuando el *Columbia* despegó para iniciar otro viaje, en febrero del 2003, un trozo de espuma aislante se desprendió y dañó una de las alas. A pesar del problema, el *Columbia* logró salir al espacio. Sin embargo, cuando intentó volver a entrar en la atmósfera terrestre, la nave ardió en llamas y estalló. Todos los miembros de la tripulación murieron.

Un trabajo del otro mundo

por Richard Stull

La Administración Nacional de la Aeronáutica y el Espacio (NASA, por sus siglas en inglés), es una dependencia oficial del gobierno de los Estados Unidos. Allí es donde se preparan los astronautas para realizar su trabajo.

Hoy en día, la mayoría de los astronautas trabajan a bordo de un transbordador espacial. También puede ser que trabajen en la Estación Espacial Internacional (EEI), un enorme satélite que construyeron en el espacio. Utilizando el transbordador, los astronautas transportaban al espacio las distintas piezas necesarias para la construcción del satélite. Una vez allí, las ensamblaban.

Actualmente, los astronautas usan un transbordador espacial para hacer sus viajes de ida y vuelta entre la Tierra y la Estación Espacial Internacional. El viaje entre la Tierra y la Estación Espacial dura dos días.

Detente **Piensa** **Escribe**

INFERIR Y PREDECIR

¿Cuál te parece que será el tema principal de este artículo?

El trabajo de un astronauta nunca termina

En la Estación Espacial Internacional hay mucho que hacer. Los astronautas descargan y revisan los materiales que llegan de la Tierra, lo cual requiere mucho cuidado. El más pequeño error y una valiosísima pieza del equipo podría terminar flotando en el **vacío**.

A veces los astronautas tienen que reparar el trasbordador o la Estación Espacial. Por ejemplo, pueden tener que arreglar alguna pieza del ala del trasbordador que se haya dañado.

Trabajar en el espacio puede ser peligroso. Unos minúsculos trozos de piedra llamados meteoroides pasan zumbando por el aire. Estas piedras pueden golpear a los astronautas mientras trabajan. Las temperaturas van desde muy bajas a muy altas, lo que hace del espacio un lugar incómodo. También existe la posibilidad de quedar expuesto a radiaciones solares nocivas.

Detente Piensa Escribe

IDEA PRINCIPAL Y DETALLES

¿Cuál es la idea principal del tercer párrafo? Menciona un detalle que apoye la idea principal.

____

____

____

Equipados para el espacio

Para protegerse el cuerpo cuando salen al espacio, los astronautas usan trajes espaciales. Estos trajes están hechos de materiales muy resistentes que pueden soportar las duras condiciones del espacio, además de proteger a los astronautas de las temperaturas extremas y de los meteoroides.

El traje espacial también tiene otras funciones. Tiene un casco con la parte delantera transparente que permite a los astronautas ver mientras trabajan. El traje también está herméticamente cerrado, de modo que los astronautas pueden recibir oxígeno. Cada traje tiene una radio incorporada que los astronautas usan para comunicarse entre ellos.

Cuando alguien necesita desplazarse una corta distancia en el espacio, lleva una mochila equipada con unos micro cohetes. Una vez que han terminado el trabajo fuera, los astronautas regresan a la estación espacial, se sacan los trajes en una cámara especial y se ponen ropa normal.

Detente **Piensa** **Escribe**

CAUSA Y EFECTO

¿Por qué los astronautas deben usar trajes espaciales?

____

____

____

Vivir sin gravedad

Dentro de la EEI, los astronautas no caminan: ¡flotan! Esto sucede porque en el espacio no hay gravedad que atraiga las cosas hacia abajo. En el espacio, la gente no pesa.

Por esa misma razón, hay que tener mucho cuidado con el agua. Una gota de agua puede convertirse en una **amenaza** si sale flotando por el aire y se mete dentro de una computadora carísima. Lo mismo puede suceder con las migas de los alimentos e incluso con alguna hilacha o pelusa.

Dormir es una de las cosas más fáciles de hacer en el espacio. Los astronautas pueden dormir en cualquier lado porque no pesan. Pueden dormir cabeza abajo o flotando por la cabina. Algunos se atan a bolsas de dormir adosadas a la pared. Otros se limitan a sujetarse una almohada alrededor de la cabeza. La mayoría de ellos duermen unas ocho horas por noche.

Detente Piensa Escribe

VOCABULARIO

¿Por qué describe el autor una gota de agua flotando como una amenaza?

____

____

____

La vida cotidiana en la Estación Espacial Internacional

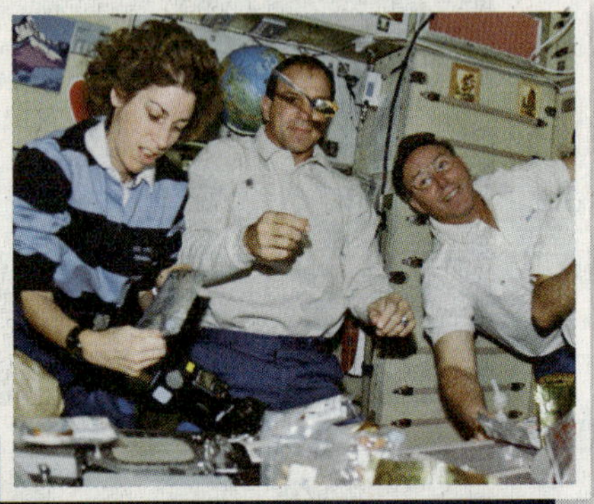

Cuando van al espacio, los astronautas llevan consigo agua y alimentos. La comida se guarda en la cocina de la Estación Espacial. Como todas las cocinas, esta también tiene un horno y una heladera.

Los astronautas comen lo mismo que la mayoría de la gente, pero preparan la comida de una forma distinta. A la mayor parte de sus alimentos se les ha quitado todo el agua que pudieran contener. Esos alimentos deshidratados vienen en paquetes herméticamente cerrados que pesan muy poco y no ocupan mucho lugar. Para preparar una comida, los astronautas le agregan agua al contenido del paquete. Luego lo calientan y comen la comida directamente del paquete.

Cuando se come en el espacio, es necesario tener muchísimo cuidado, porque la mayor parte de los alimentos pueden salir flotando. Igual que los astronautas pueden flotar de un lado a otro de la cocina, ¡los alimentos y los cubiertos también pueden!

Detente Piensa Escribe

IDEA PRINCIPAL Y DETALLES

¿Qué detalles apoyan la idea principal de que los astronautas preparan la comida de una forma distinta a la mayoría de la gente?

Tiempo libre en el espacio

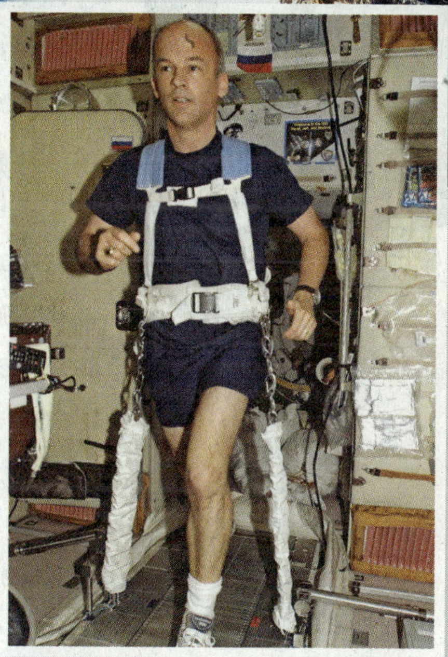

Los astronautas no tienen mucho tiempo libre en el espacio, pero a veces tienen un rato para relajarse. Pueden leer un libro o mandar mensajes electrónicos a sus familiares. Pueden tocar algún instrumento o sacar fotografías de las cosas que pasan al otro lado de las ventanas. ¡En el espacio se pueden ver cosas **milagrosas**!

Los astronautas deben hacer ejercicio a diario para los músculos fuertes y los huesos saludables. Mantenerse en forma y divertirse ayuda a los miembros de la tripulación a evitar **tensiones** durante los vuelos del transbordador espacial.

Detente Piensa Escribe

VOCABULARIO

¿Qué tipo de cosas milagrosas crees que pueden ver los astronautas desde la estación espacial?

Cómo el trabajo en el espacio ayuda a mejorar la vida en la Tierra

Los astronautas pasan la mayor parte del tiempo en el espacio trabajando. Algunos de ellos estudian los efectos de la falta de gravedad o prueban alguna **innovación** en materia de informática. Otros hacen experimentos, como probar cómo crecen algunas semillas en el espacio, o las reacciones que estar en el espacio produce en el cuerpo humano. Otros estudian cómo se ve la Tierra desde el espacio.

El trabajo que hacen los astronautas es importante para comprender la vida en la Tierra. Por ejemplo, pueden medir cambios en los casquetes polares, lo que nos ayuda a comprender los efectos del calentamiento global. El trabajo de los astronautas también nos proporciona información sobre otros planetas y estrellas que son nuestros vecinos en el espacio.

Detente Piensa Escribe

IDEA PRINCIPAL Y DETALLES

¿Cuál es la idea principal del primer párrafo de esta página?

Vuelve a leer y responde

1 ¿Cuál es el tema principal de este artículo?

Pista
Encontrarás pistas en casi todas las páginas.

2 ¿Cómo afecta la falta de gravedad a la vida de los astronautas en el espacio?

Pista
Busca pistas en las páginas 257, 258 y 259.

3 ¿Qué detalles apoyan la idea principal de que los astronautas trabajan mucho?

Pista
Busca pistas en las páginas 254, 255 y 260.

4 ¿Por qué el trabajo que hacen los astronautas en el espacio es importante para la vida en la Tierra?

Pista
Busca pistas en la página 260.

Lección 27

Cumbres

VOCABULARIO CLAVE

consecuencias
gélido
intenso
retener
osar

1. En las altas cumbres, el aire es **gélido** durante gran parte del año. El frío puede ser tan extremo como el del Ártico.

Describe el lugar más gélido que hayas visitado.

____

____

____

2. Los vientos pueden ser muy **intensos** en las cumbres. En 1934, hubo una gran tormenta en New Hampshire. En la cima del Monte Washington, los vientos soplaron a una velocidad de ¡231 millas por hora!

¿Cuál es el clima más intenso que hayas experimentado?

____

____

____

3. Una cumbre muy alta **retiene** su fauna y su flora original. Como son muy pocas las personas que llegan allí, nadie perturba las plantas ni los animales.

Describe algo que retenga su forma aun cuando se lo use mucho.

____

____

____

4 Muchas montañas tienen glaciares, es decir, gigantescos ríos de hielo. Una de las **consecuencias** del calentamiento global es el derretimiento de los glaciares.

¿Cuáles son las consecuencias de una gran tormenta?

5 Poca gente **osaría** llegar a los picos de las montañas más altas del mundo. Los peligros a esas alturas son demasiado grandes para la mayoría de nosotros.

Menciona algo que jamás osarías hacer.

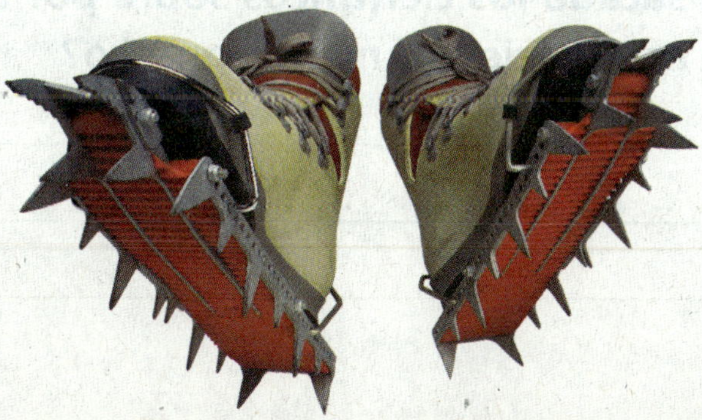

El Ártico:

Un océano que se derrite

por John Berry

Imagina que estás caminando sobre un océano. Créase o no, ¡hay un océano sobre el cual se puede caminar! Es el Océano Ártico. Lamentablemente, tal vez en un futuro ya no podamos caminar por él.

El Océano Ártico rodea el Polo Norte. Es el océano más pequeño del mundo. Una gruesa capa de hielo cubre la mayor parte del océano. En algunos lugares, el hielo llega a tener 20 pies o más de espesor.

Los científicos que estudian este océano tan especial observan los animales que viven por encima y por debajo del hielo. También estudian la capa de hielo propiamente dicha. La miden y la taladran para sacar muestras de lo que hay dentro.

Los científicos han descubierto que la capa de hielo está cambiando. Es menos gruesa de lo que solía ser. Los estudiosos piensan que esta puede ser una de las **consecuencias** del calentamiento global.

Detente Piensa Escribe

CONCLUSIONES Y GENERALIZACIONES

¿Qué conclusión han sacado los científicos sobre por qué el hielo del Océano Ártico se está haciendo menos grueso?

La zona de hielo

El Océano Ártico tiene dos partes: la zona de hielo y la zona de agua. La zona de hielo consiste en agua de mar congelada, ventisqueros, cumbres y paredes de hielo. Hay siete montañas de hielo en esta zona.

A pesar del frío **intenso**, allí viven muchos animales, tales como liebres, osos polares, aves y focas. Estos animales han aprendido a vivir en el hielo.

También hay vida en el interior de la capa de hielo. Minúsculas plantas unicelulares viven en el hielo. Son tan pequeñas que solo pueden verse con un microscopio.

La zona de hielo no siempre tiene el tamaño. Cambia a través del año. En verano, cuando el aire es más cálido, el agua que está por debajo del hielo se vuelve más cálida también. Como consecuencia, se forman lagunas en la supérficie del hielo, aparecen grietas y algunas placas de hielo se separan.

Detente Piensa Escribe

CAUSA Y EFECTO

¿Qué causa que se formen lagunas en la superficie del hielo?

Un mar helado

El Océano Ártico alcanza, en algunos lugares, una profundidad de 4,000 pies. Esto puede parecernos mucho, pero en realidad, el Ártico es el océano menos profundo del mundo.

Las **gélidas** aguas del Ártico se mantienen siempre a una temperatura cercana al punto de congelación. Los buceadores dicen que el agua se siente más densa que el agua de mar normal. Esto sucede porque está casi congelada. Si intentaras sumergir un dedo en el Ártico, el frío te haría sacarlo de inmediato.

Lo sorprendente es que muchas criaturas vivan en el Océano Ártico. Algunos peces, como el bacalao del Ártico, crecen muy bien allí. También se encuentran cangrejos, estrellas de mar y pepinos de mar arrastrándose por el suelo oceánico.

En el Ártico hay también hay algunas ballenas, incluida la especie llamada narval. Apodado "el unicornio del mar", el narval macho tiene un solo colmillo en la parte delantera de la cabeza, que puede llegar a medir hasta ¡nueve pies!

Detente Piensa Escribe

CONCLUSIONES Y GENERALIZACIONES

¿Por qué es sorprendente que muchas criaturas vivan en el Océano Ártico?

____

____

____

Un océano cambiante

El científico canadiense Roy Koerner ha dedicado mucho tiempo a estudiar el Océano Ártico y a explorar su zona de hielo. En 1969, hizo su viaje culminante. Él y otras tres personas fueron lo bastante valientes para **osar** cruzar el Océano Ártico en trineos tirados por perros.

El viaje de Koerner no sería posible hoy en día. El océano ha cambiado. La zona de agua ha crecido, mientras que la zona de hielo se ha ido reduciendo. Ahora hay menos hielo que nunca desde que se empezó a registrar datos. En algunos lugares, el hielo tiene ahora la mitad del grosor que solía tener.

Algunos dicen que los cambios se deben al calentamiento global. El calentamiento global afecta a muchos lugares. Sin embargo, los científicos afirman que en el Ártico esos cambios se producen siete veces más rápido que en otras áreas. Mucho ha cambiado desde que Koerner empezó a estudiar el Ártico. Koerner describe el Ártico de hoy en día como "un mundo completamente distinto" al que él vio.

El pasado

El presente

El futuro

Detente Piensa Escribe

VOCABULARIO

¿Por qué se necesitaba valentía para osar cruzar el Océano Ártico?

____

____

____

Un océano que se derrite rápidamente

La luz del sol se refracta en el hielo, pero las aguas del océano absorben la luz. El agua **retiene** el calor de la luz solar. Cuanto más extensa es la masa de agua, más es el calor que capta el océano. Cuanto más se calienta el océano, más hielo se derrite, lo que hace que el agua absorba aún más luz solar. Y el ciclo se repite.

El derretimiento de la capa de hielo es un problema muy grande para los animales que viven en la zona de hielo. Por ejemplo, los osos polares se han adaptado a la vida en el hielo. Varias capas de grasa subcutánea los mantienen abrigados. Las almohadillas que tienen en las plantas de los pies les permiten caminar en el hielo sin resbalarse. El color blanco de su pelaje los ayuda a confundirse con el medio. Los osos polares no solo están preparados para vivir en el hielo: lo necesitan para vivir. Usan el hielo para cazar. Esperan junto a algunos agujeros en la capa de hielo que las focas salgan en busca de aire. Cuando sale una foca, el oso polar caza su comida. Sin hielo, cazar les resulta prácticamente imposible. Según los científicos, los osos polares podrían extinguirse en menos de cien años.

Detente Piensa Escribe

VOCABULARIO

¿Qué sucede cuando la superficie de agua del Ártico retiene el calor del sol?

____

____

____

Efectos en los seres humanos

El derretimiento del hielo del Ártico no solo afecta a los animales. También afecta a los seres humanos. Mucha gente vive cerca del océano. El hielo cercano a la costa protege sus pueblos impidiendo que las olas lleguen a tierra firme durante las tormentas.

La reducción de la masa de hielo es un peligro para esos pueblos. Las olas erosionan las costas y hacen que parte del terreno caiga al mar. Con el tiempo, el océano va penetrando en el continente. En algunos pueblos, el mar está reduciendo las casas a escombros. Cuando la costa se desmorona, los hogares que se extendían a lo largo de ella se derrumban y caen al agua.

Para las personas que viven en el Ártico, el derretimiento del océano es un gran problema. Muchas tienen que abandonar los pueblos que fundaron sus antepasados y empezar de nuevo en algún otro sitio.

Detente Piensa Escribe

CAUSA Y EFECTO

¿Cómo afecta la reducción del hielo a los pueblos del Ártico?

____

____

____

Adaptándose al cambio

A pesar del daño que causa la reducción del hielo, los habitantes del Ártico están sacando el mejor partido posible del cambio climático. Por ejemplo, al haber más áreas de agua, la pesca se hace más fácil. El mar abierto también facilita y agiliza los viajes y el transporte de productos.

Hace tiempo, los exploradores y mercaderes soñaban con un Pasaje del Noroeste por el Océano Ártico. Pensaban que ese pasaje debía empezar en el Océano Atlántico, atravesar el Ártico y terminar en el Océano Pacífico. Ese sueño nunca pudo realizarse porque el hielo bloqueaba el paso. Sin embargo, esta situación pronto podría llegar a cambiar.

Los científicos no saben exactamente qué pasará con el Océano Ártico. Pero una cosa es segura: científicos como Roy Koerner seguirán observando de cerca este océano cambiante.

Detente Piensa Escribe

CONCLUSIONES Y GENERALIZACIONES

¿Cómo podría convertirse finalmente en realidad el sueño del Pasaje del Noroeste?

____

____

____

Vuelve a leer y responde

1 **El científico Roy Koerner llegó a la conclusión de que hoy en día el Océano Ártico es "un mundo completamente distinto" al que él conoció. ¿Qué evidencias apoyan su conclusión?**

Pista
Busca una pista en la página 267.

2 **En términos generales, un Océano Ártico sin hielo, ¿sería algo positivo para los animales que viven en la zona de hielo? Explica tu respuesta.**

Pista
Busca una pista en la página 268.

3 **¿Qué enunciado general podrías formular sobre los efectos del derretimiento del hielo para la gente que vive en el Ártico?**

Pista
Busca una pista en la página 269.

4 **¿Cómo podría el calentamiento global beneficiar a los pescadores?**

Pista
Busca una pista en la página 270.

Lección 28

VOCABULARIO CLAVE

afirmar
creciente
deducir
motivo
peligroso

Observar mariposas

1 Observar ciertos animales en su hábitat puede ser **peligroso**. Por suerte, observar mariposas no lo es. Observar mariposas en su medioambiente es una actividad entretenida y sin riesgos.

Describe una situación en la que sería peligroso observar animales.

____

____

____

2 Hay más mariposas en Texas que en cualquier otro lugar de los Estados Unidos. Puedes ver muchos tipos diferentes en el Parque Internacional de Mariposas, en el Valle del Río Grande. Uno de los **motivos** por los que se creó este parque fue para darle a la gente la posibilidad de aprender más sobre las mariposas.

¿Qué motivos puede tener alguien para visitar el Parque Internacional de Mariposas?

____

____

____

3 Una observadora de mariposas marcaba en una lista las mariposas que iba viendo. Sentía un **creciente** entusiasmo cada vez que veía una mariposa de un nuevo tipo.

Piensa en otro pasatiempo: observar pájaros. ¿Qué podría hacerle sentir a un observador de pájaros un creciente entusiasmo?

____

____

____

4 La observadora de mariposas encontró una mariposa grande anaranjada con manchas negras. A partir de lo que recordaba haber leído, **dedujo** que se trataba de una mariposa monarca.

Escribe un sinónimo de dedujo.

____

5 La observadora consultó su guía y encontró una foto de la mariposa que estaba observando. Así fue que pudo **afirmar** con toda seguridad que se trataba de una mariposa monarca.

¿Qué vio la observadora que le permitió afirmar con toda seguridad que se trataba de una mariposa monarca?

____

____

____

Las mariposas de Jay

por Margaret Maugenest

Jay Jackson y Mattie Helm se sientan juntos en la escuela. Jay es muy aficionado a las mariposas. Siempre lleva su guía a cualquier lado que va.

—¿Por qué siempre llevas ese libro de aquí para allá? —le preguntó Mattie un día.

—Me gusta estudiar las fotos —respondió Jay—. Así, cuando veo una mariposa, ya sé de qué tipo es.

Mattie puso los ojos en blanco y fingió un bostezo llevándose la mano a la boca:

—¡Buaaaahhhh! ¡qué ABURRIDO!

Jay se encogió de hombros:

—Nunca te imaginarías cuántas especies distintas hay en esta zona —le dijo. Y habría continuado, pero Mattie no le estaba prestando atención. Estaba mandándole un mensaje de texto a su amiga Rally para decirle dónde podían encontrarse a la salida de la escuela.

Detente **Piensa** **Escribe**

COMPRENDER A LOS PERSONAJES

¿Qué piensa Mattie del pasatiempo de Jay? ¿Cómo lo sabes?

Al día siguiente era sábado, así que Jay hizo lo mismo que hacía todos los fines de semana. Metió la guía en su mochila, los binoculares, un cuaderno, la cámara, agua, una barrita de proteínas y una manzana. La cámara digital había sido un regalo de cumpleaños de su tía Lucy. Tenía un zoom magnífico para tomar primeros planos de mariposas y otros insectos.

—¿Qué te gustaría poder ver hoy? —le preguntó su mamá. Ella sabía adónde se dirigía Jay.

—La verdad es que hoy me gustaría ver una papilio —dijo Jay ya casi en la puerta.

—¡Buena suerte! —le deseó la mamá. Le alegraba saber que su hijo iba a pasar unas horas al aire libre.

Detente **Piensa** **Escribe**

COMPRENDER A LOS PERSONAJES

¿Cómo es Jay? ¿Cómo lo sabes?

Jay se calzó el casco, subió a su bici y se dirigió a la reserva natural. En vez de tomar un camino **peligroso** por las transitadas calles de la ciudad, tomó unas callecitas laterales, mucho más seguras. Cuando llegó a la reserva, estacionó la bicicleta cerca de la entrada.

Roger, el guardabosques, estaba sentado en su cabina:

—¿De vuelta para ver las mariposas? —le preguntó con cierta complicidad.

Jay asintió con la cabeza y sonrió. Luego empezó a subir por el sendero para caminatas que va entre los bosques de cipreses y de robles. El sendero desembocaba en un inmenso campo colorido, lleno de flores silvestres y algodoncillos. Era el lugar perfecto para observar mariposas. Jay siempre había tenido suerte allí. En ese campo, la semana anterior, había visto mariposas brincadoras.

Detente Piensa Escribe

VOCABULARIO

¿Por qué algunas calles pueden ser peligrosas para los ciclistas?

Jay aspiró el aire fresco. El cielo estaba claro y el sol brillaba, cálido. Una suave brisa hacía ondular el césped y las plantas.

Observar mariposas requería tiempo y paciencia, pero a Jay también eso le gustaba de su pasatiempo. Pasar horas en la naturaleza era uno de los **motivos** que lo llevaban a observar mariposas. Además, buscar mariposas especialmente interesantes era casi como buscar un tesoro. El tesoro era ver una mariposa y poder observarla de cerca: estudiar su forma, su color, sus manchas y finalmente poder identificarla. Por lo general Jay trataba de tomar algunas fotos. Estaba orgulloso de su colección de fotos de mariposas.

Sacó los binoculares y la cámara y se los colgó del cuello para tenerlos a mano.

Detente **Piensa** **Escribe**

VOCABULARIO

¿Cuál es el motivo por el que Jay saca sus binoculares?

___

___

___

Con los binoculares, Jay pudo ver unas figuras multicolores aleteando alrededor de un arbusto. Reajustó el lente para ver mejor y sonrió. Definitivamente, eran mariposas.

Cuando caminaba en esa dirección, se topó con dos mariposas negras y amarillas danzando en la brisa. Las siguió con la vista mientras sacaba su cámara. Cuando una de las mariposas se posó en una flor, Jay se le acercó con mucho cuidado. Tratando de no hacer ruido, le sacó una foto. Luego adaptó el zoom para acercar la imagen de la mariposa libando el dulce néctar de la flor. Tenía las alas recogidas.

Jay sintió un **creciente** entusiasmo cuando notó que las alas terminaban en una especie de punta alargada. Por las alas rayadas, terminadas en punta, **dedujo** que se trataba de una papilio atigrada. Jay trató de no respirar. Ojalá pudiera sacarle una buena foto. Esperó el momento preciso. Justo cuando la mariposa desplegó las alas, Jay hizo click en la cámara. ¡Era justo la toma que quería!

Detente Piensa Escribe

COMPRENDER A LOS PERSONAJES

¿Qué detalles te indican que Jay es un buen fotógrafo?

Ya de regreso en casa, Jay pasó las fotos a su computadora. A él no le gustaba el sistema tradicional de cazar mariposas y fijarlas con alfileres en una caja, porque en ese caso las mariposas tendrían que morir. En cambio, fotografiarlas le permitía tener su colección de mariposas sin hacerles daño.

Comparando su fotografía con la ilustración que aparecía en su guía, Jay pudo **afirmar** que, en efecto, su mariposa era una papilio atigrada. ¡Estaba tan contento! Era justo la mariposa que había querido ver. Así que enseguida fue y le mostró la foto a sus padres.

—Jay, ¡dijiste que querías ver una papilio y la viste! —dijo su mamá—. ¡Me alegra tanto!

—¡También a mí! —comentó su papá—. Así es la vida, Jay. A veces ¡uno tiene suerte!

Detente Piensa Escribe

CONCLUSIONES Y GENERALIZACIONES

¿Por qué la manera en que Jay colecciona mariposas es mejor que cazar y exhibir mariposas reales?

___

___

___

Jay pensó en Mattie, cuando le había dicho que observar mariposas era aburrido. "Ya verá", se dijo. Imprimió una copia de la fotografía especialmente para ella y la puso en un sobre.

El lunes, en cuanto Mattie llegó a su escritorio, Jay le dio el sobre.

—Mira lo que encontré este fin de semana —le dijo con orgullo.

Mattie tomó el sobre.

—¿Para mí? —preguntó mientras lo abría.

Jay la miraba. No pudo evitar ver que a Mattie se le iluminaban los ojos y se le esbozaba en la cara una sonrisa.

—¿Tú tomaste esta foto? —preguntó ella.

—¿Quién si no? —respondió Jay.

—No está mal. Gracias —dijo ella. Luego volvió a guardar la foto cuidadosamente en el sobre y lo puso sobre su escritorio.

Detente **Piensa** **Escribe**

COMPRENDER A LOS PERSONAJES

¿Por qué te parece que Jay le da la foto a Mattie?

____

____

____

Vuelve a leer y responde

1 ¿Qué detalles del relato te indican que a Jay no le molesta entretenerse solo?

Pista
Encontrarás pistas en casi todas las páginas.

2 Da tres ejemplos del cuento que muestren que Jay es muy observador y que mira las cosas detenidamente.

Pista
Busca pistas en las páginas 277, 278 y 279.

3 ¿Qué opinan los padres de Jay sobre su interés en observar mariposas?

Pista
Busca pistas en las páginas 275 y 279.

4 ¿Te parece que al final Mattie cambia de parecer sobre las mariposas? Explica tu respuesta.

Pista
Busca pistas en las páginas 274 y 280.

Lección 29

VOCABULARIO CLAVE

destino
enorme
estrechar
majestuoso
temperamento

Ballenas

Las ballenas son unos mamíferos bellos y **majestuosos** que viven en el mar. Algunas de ellas son **enormes**. Por ejemplo, la ballena azul puede llegar a medir más de 90 pies de largo y a pesar más de 150 toneladas. Es decir, son tan grandes como un edificio de nueve pisos. De hecho, la ballena azul es el animal más grande de la Tierra. De modo que si alguna vez ves alguna, ¡no trates de **estrecharla**, porque podría ser peligroso!

Lamentablemente, el **destino** de estas sorprendentes criaturas no se perfila muy bien. La ballena jorobada es solo una de varias especies de ballenas en peligro de extinción.

La leyenda retrata a las ballenas como amables gigantes. Por ejemplo, aun cuando a la orca se la llama “ballena asesina”, en realidad no tiene un **temperamento** agresivo.

1. Algunas ballenas son pequeñas, pero la mayoría son ______________________.

2. Si ves una ballena jorobada, obsérvala cuanto puedas. Pero no te acerques demasiado ni trates de ______________________, porque podría ser peligroso.

3. Es sorprendente que las llamadas "ballenas asesinas" no tengan un ______________________ muy agresivo.

4. ¿Cuál es la vista más <u>majestuosa</u> que jamás hayas visto? ¿Qué la hacía tan especial?

____

____

____

5. ¿Por qué los animales en peligro de extinción podrían tener un triste <u>destino</u>?

____

____

____

Gigantes marinos

por Mia Lewis

Las ballenas son unas de las criaturas más sorprendentes y fascinantes del planeta. Su tamaño **majestuoso**, su gracia y su inteligencia las distinguen de otros animales. No te pierdas la oportunidad de verlas con tus propios ojos.

Observar ballenas requiere mucha paciencia. Vas a ver más olas que ballenas y muy probablemente te pases la mayor parte del tiempo mirando al horizonte. Sin embargo, en el momento en que veas una ballena por primera vez en tu vida, sentirás que todas las horas de espera han valido la pena.

Las ballenas hacen las cosas más sorprendentes. Por ejemplo, "saltan y espían", esto es, permanecen en posición vertical mientras sacan la cabeza fuera del agua y miran alrededor. También "volean la cola", levantando por el aire sus enormes colas y volviéndolas a bajar con un fuerte ¡plaf! A veces también "saltan", es decir, salen por completo del agua y vuelven a sumergirse enseguida. Observar a las ballenas es un espectáculo que nadie se debería perder.

Detente **Piensa** **Escribe**

PERSUADIR

¿Cómo trata la autora de persuadir a los lectores para que vayan a observar ballenas?

____

____

____

LAS BALLENAS NACEN Y RESPIRAN COMO LOS SERES HUMANOS

Las ballenas pueden vivir en el mar, pero son mamíferos, como los seres humanos. Respiran con los pulmones, igual que nosotros, por lo que de tanto en tanto salen a la superficie a aspirar el aire. No muchos mamíferos viven en el mar. En ese sentido, las ballenas son animales fuera de lo común.

En vez de tener una nariz con narinas, las ballenas tienen un espiráculo en la parte superior de la cabeza. Cuando el espiráculo queda por encima de la superficie del mar, despide un chorro de agua hacia arriba, como un surtidor.

Las ballenas dan a luz a sus crías después de un período de gestación, igual que los humanos. También tienen un solo bebé, o ballenato, por vez. La ballena bebé puede nadar en cuanto nace, lo que le permite mantenerse junto a su madre. La madre alimenta al bebé con una leche muy nutritiva, con alto contenido graso, para que este pueda mantener el calor en el agua fría.

Como otros mamíferos, las ballenas son animales de sangre caliente. Incluso sin pelaje, mantienen una temperatura corporal constante. Una gruesa capa de grasa subcutánea las ayuda a mantener el calor del cuerpo.

Detente Piensa Escribe

COMPARAR Y CONTRASTAR

¿En qué se parecen las ballenas a los seres humanos? ¿En qué se diferencian?

Una ballena barbada

Una ballena dentada

NO TODAS LAS BALLENAS SON IGUALES

Hay setenta y seis especies de ballenas, que se dividen en dos grandes grupos: las ballenas barbadas y las ballenas dentadas. Las ballenas más grandes son las barbadas. Créase o no, ¡estas **enormes** criaturas no tienen dientes!

En vez de dientes, las ballenas barbadas tienen unas placas o barbas que les sirven para filtrar el agua de los peces que cazan para alimentarse. Las placas o barbas de la ballena son duras pero elásticas, cuelgan de la mandíbula superior y tienen unas cerdas pilosas. La ballena traga enormes cantidades de agua cuando nada cerca de la superficie. Luego despide el agua por la boca, a través de las placas o barbas. Cuando los organismos alimenticios más pequeños se quedan atrapados en las cerdas, la ballena los empuja con la lengua hacia la garganta. Este proceso debe repetirse varias veces antes de que la ballena haya logrado ingerir todo el alimento que necesita.

La mayoría de las ballenas, sin embargo, tienen dientes y son más pequeñas. Las ballenas asesinas (también llamadas orcas) y las ballenas esperma son las únicas ballenas grandes que tienen dientes.

Detente Piensa Escribe — INFERIR Y PREDECIR

¿Por qué a la autora le parece increíble que las ballenas barbadas no tengan dientes?

____

____

____

ESPECTÁCULO DE BALLENAS

Algunas ballenas viven en cautiverio en parques marítimos, donde participan en espectáculos. Las ballenas asesinas son una de las atracciones más populares.

Entrenadores muy bien preparados trabajan con las ballenas para enseñarles "piruetas". El **temperamento** estable y acrobático de las ballenas asesinas hace de ellas unos animales muy apropiados para participar en este tipo de espectáculos. Sin embargo, una ballena sigue siendo un animal y, por lo tanto, imprevisible. Por mucho que se quiera tocar o **estrechar** a una ballena, tener contacto directo con ellas es peligroso para cualquiera que no sea su entrenador.

Los espectáculos son divertidos, pero algunas personas están en contra porque las ballenas que participan en ellos viven en cautiverio. Esas personas opinan que, no importa cuáles sean las condiciones, no es justo hacer vivir a una ballena fuera de su hábitat natural. Las ballenas nacieron para ser libres.

Detente **Piensa** **Escribe**

VOCABULARIO

¿Por qué sería peligroso tratar de estrechar a una ballena?

Cazadores de ballenas en acción

La caza de ballenas

Durante miles de años, los seres humanos han cazado ballenas por distintas razones, desde utilizar su carne como alimento hasta obtener aceite para lámparas. La caza de las ballenas ha sido una amenaza para las ballenas de todo el mundo. Los cazadores mataron tantas ballenas durante la primera mitad del siglo XX que en la actualidad muchas especies están casi extinguidas.

En 1986, la Comisión Ballenera Internacional (IWC, por sus siglas en inglés) prohibió casi en su totalidad la caza comercial de ballenas. Sin embargo, algunos pueblos nativos tienen permiso para matar determinado número de ballenas por año, como una forma de ayudar a preservar sus culturas tradicionales.

No todos los países son miembros de la Comisión Ballenera Internacional. Algunos países no asociados siguen cazando ballenas argumentando que si se hace de forma controlada no se corre peligro. Sin embargo, solo una prohibición total va a detener la crueldad con que se trata a estas magníficas criaturas.

Detente Piensa Escribe

PERSUADIR

¿Qué te parece que quiere la autora que pensemos sobre la caza de ballenas? ¿Cómo lo sabes?

Cómo proteger a las ballenas

A pesar de la prohibición general de cazar ballenas, las ballenas siguen en peligro. Más ballenas mueren a causa de accidentes que de la caza. Por ejemplo, cada año, los barcos matan muchas ballenas por accidente. Debería haber leyes que obligaran a los barcos a disminuir la velocidad cuando navegan en áreas donde viven o por las que pasan ballenas.

Atropellar a las ballenas con barcos es solo una manera en que los seres humanos dañan a estas maravillosas criaturas. Muchas ballenas también mueren al quedar atrapadas en las redes que los pescadores echan al mar. La contaminación, el cambio climático y el exceso de ruido también les son perjudiciales.

El **destino** de las ballenas está en nuestras manos. Debemos esforzarnos por buscar soluciones efectivas para los problemas que amenazan a este sorprendente animal. Si no lo hacemos, muchas especies de ballenas se extinguirán. Y una vez que una especie se extingue, no se recupera jamás. Sería muy triste pensar en un mundo sin ballenas.

Detente Piensa Escribe

PERSUADIR

¿Cómo trata la autora de persuadir a los lectores de que es muy importante proteger a las ballenas?

Ballenas: Preguntas y respuestas

P. & R.

P.: ¿Qué especie de ballenas es la más grande?

R.: La ballena más grande es la ballena azul. Puede llegar a medir hasta 90 pies de largo y a pesar más de 150 toneladas. La ballena azul es una especie en peligro de extinción.

P.: ¿Cuál es la ballena que más se desplaza?

R.: La ballena gris recorre 12,500 millas cada año. En el verano, se alimenta en las aguas del Ártico. Da a luz a sus crías en las cálidas aguas que rodean Baja California. A menudo estas ballenas se desplazan muy cerca de la costa. Miles de personas van a verlas pasar en la primavera y el otoño.

P.: ¿Cuál es la ballena que corre mayor peligro de extinción?

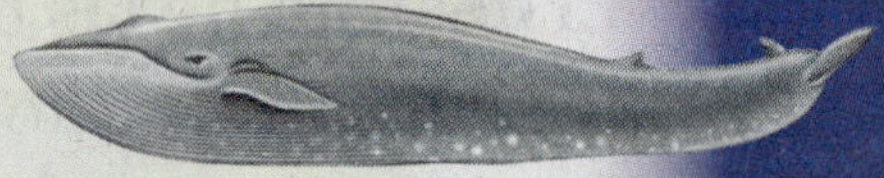

R.: La ballena franca glacial es la especie que está en mayor peligro de extinción. Habita la costa atlántica de América del Norte. Quedan apenas unas 350 ballenas de este tipo.

Detente Piensa Escribe

PROPÓSITO DEL AUTOR

¿Por qué crees que la autora nos dice que la ballena azul y la ballena franca glacial están en peligro de extinción?

____

____

____

Vuelve a leer y responde

1. ¿Cuáles son los dos grandes grupos en que se dividen las ballenas? ¿A qué grupo pertenece la mayoría de las ballenas?

____

____

____

Pista
Busca pistas en la página 286.

2. ¿Qué argumento presenta la autora para persuadir a los lectores de que es cruel hacer vivir a las ballenas en un parque marítimo?

____

____

Pista
Busca una pista en la página 287.

3. ¿Por qué la Comisión Ballenera Internacional permite que algunos grupos nativos sigan cazando cierto número de ballenas por año?

____

____

____

Pista
Busca una pista en la página 288.

4. Anota dos detalles que puedas encontrar en este artículo sobre las ballenas grises.

____

____

____

Pista
Busca pistas en la página 290.

Lección 30

Peligro de huracán

✓ VOCABULARIO CLAVE

condición
datos
intensamente
remitir
riesgo

1 Durante un huracán, las **condiciones** climáticas se vuelven muy peligrosas. Los fuertes vientos e inundaciones dañan las propiedades y amenazan la vida humana.

¿A qué peligros puede quedar expuesta una persona por las condiciones climáticas de un huracán?

____

____

____

2 Los meteorólogos estudian el trayecto de los huracanes y reúnen **datos** sobre la velocidad y la ubicación de las tormentas. Estos datos los ayudan a determinar si un huracán será o no peligroso.

¿Qué herramientas pueden usar los científicos para reunir datos sobre un huracán?

____

____

____

3 Cuando se aproxima un huracán, los meteorólogos lo siguen **intensamente** para ver qué trayecto sigue y poder predecir hacia dónde tocará tierra.

¿Cuándo podrías necesitar seguir intensamente ciertos eventos?

4 Un huracán puede poner en **riesgo** una ciudad entera. Los meteorólogos deben alertar a la población si se aproximan tormentas, para que la gente pueda alejarse del peligro.

Describe alguna vez en que hayas sentido que estabas en riesgo.

5 Después de un fuerte huracán, cuando los vientos y las aguas **han remitido**, empieza la tarea de limpiar. La gente trabaja duramente para volver a poner su casa, y su vida, otra vez en orden.

¿Por qué la gente debe esperar hasta que los vientos hayan remitido para empezar a limpiar?

El peor huracán de la historia

por Duncan Searl

En 1900, la ciudad de Galveston estaba floreciente. Con una población de 42,000 personas, era la ciudad más grande de Texas. Galveston tenía luz eléctrica, tranvías, salas de concierto, hoteles lujosos y teléfonos de larga distancia.

El comercio había enriquecido a la ciudad. Barcos de todas partes del mundo atracaban en la Bahía de Galveston, un puerto natural. La ubicación, sin embargo, inquietaba a algunas personas. La ciudad estaba construida en una isla baja de la bahía y algunos ciudadanos pensaban que se debía construir un espigón a su alrededor para protegerla de los huracanes.

El Departamento de Meteorología de los Estados Unidos consideraba que el espigón no era necesario. Le aseguraron a la gente de Galveston que no tenían nada de qué preocuparse.

Los científicos pensaban que el suelo del Golfo de México, que se eleva gradualmente a medida que se aleja de Galveston, impediría que se formaran huracanes en esa zona. Hoy sabemos que eso no es cierto.

Detente Piensa Escribe

CARACTERÍSTICAS TEXTUALES Y GRÁFICAS

Mira el mapa. ¿Cómo contribuye la ubicación de Galveston a hacerla vulnerable a los huracanes?

Algo de qué preocuparse

El 8 de septiembre de 1900, cuando los habitantes de Galveston se despertaron, vieron un extraño panorama: varias pulgadas de agua cubrían las calles de la ciudad. Y no era lluvia: ¡era agua de mar!

Los niños chapotearon e hicieron navegar sus barquitos. La multitud se dirigió a la playa. Altas olas chocaban contra las tiendas del paseo marítimo.

Todo el mundo supo que se venía una tormenta, pero nadie se preocupó. Las tormentas eran bastante frecuentes en la zona y por lo general no causaban daños.

Sin embargo, en el Golfo de México, el capitán del *Pensacola* sí estaba preocupado. Acababa de zarpar de Galveston y de caer en medio de un tremendo huracán. Grandes olas chocaban contra su barco y vientos a 120 millas por hora habían arrancado el ancla.

El huracán se dirigía directo a Galveston, pero el capitán no tenía manera de alertar a la ciudad. La telefonía de a bordo era un invento reciente y el *Pensacola* no la tenía.

Detente Piensa Escribe

CARACTERÍSTICAS TEXTUALES Y GRÁFICAS

Piensa en el subtítulo "Algo de qué preocuparse". ¿Cómo nos da una pista de los efectos que tendrá el huracán en Galveston?

____

____

____

Las condiciones empeoran

Los meteorólogos de Cuba también estaban preocupados. Una tormenta había pasado por la isla el 4 de septiembre. Los especialistas la observaron **intensamente** e informaron que la tormenta se dirigía al Golfo de México.

Los funcionarios del Departamento de Meteorología de Washington recibieron el informe de Cuba, pero no le creyeron. Pensaban que la tormenta estaba subiendo por la costa atlántica. Recordemos que el pronóstico de tormentas era una ciencia nueva en 1900. Sin satétiles ni aviones, era muy difícil reunir **datos** sobre huracanes. Tampoco había radares, lo cual hacía imposible seguir de cerca el curso de las tormentas.

Los funcionarios no querían cometer un error. Una falsa alarma de huracán sería algo costoso y comprometedor para ellos. De modo que no enviaron ninguna advertencia sobre el Golfo de México.

Mientras tanto, los habitantes de Galveston observaban con inquietud cómo seguían subiendo las aguas.

Detente Piensa Escribe

CAUSA Y EFECTO

¿Por qué los funcionarios del Departamento de Meteorología no dieron ninguna alarma de que el huracán se dirigía al Golfo de México?

____

____

____

Se produce el desastre

Las **condiciones** en Galveston empeoraron. El agua siguió subiendo, los vientos crecieron y se desató una lluvia torrencial.

El viento arrancó los cables del telégrafo y del teléfono, lo cual cortó toda comunicación con el continente. Nadie fuera de Galveston sabía lo que estaba pasando. Las vías ferroviarias de la ciudad pronto quedaron bajo el agua, haciendo imposible abandonar la zona. No había escapatoria.

El Servicio Meteorológico solía usar un tipo especial de banderas para alertar sobre la proximidad de huracanes. Pero los funcionarios nunca hicieron izar esas banderas en Galveston. La mayoría de los habitantes siguieron pensando que estarían seguros en su casa. Solo unos pocos buscaron refugio en escuelas e iglesias.

A las 7:30 p.m. el huracán tocó tierra directamente en Galveston.

Detente Piensa Escribe

CARACTERÍSTICAS TEXTUALES Y GRÁFICAS

¿Cómo te ayuda el mapa de esta página a entender la fuerza del huracán que se desencadenó sobre Galveston?

Nadie está a salvo

Una pared de agua —la oleada de la tormenta— asoló la isla entera. En segundos apenas, el agua que había inundado las casas se alzaba cuatro pies. Poco después, la inundación que cubría la isla llegaba a veinte pies de altura.

Quienes vivían en casas de un solo piso estaban en **riesgo**. Muchos trataron de nadar hacia casas más grandes. Los que vivían en casas de dos pisos corrían hacia arriba o hacia sus áticos.

Nadie sabe con seguridad a qué velocidad soplaron los vientos esa noche. El huracán destruyó los instrumentos del Departamento Meteorológico. Probablemente los vientos hayan llegado a las 165 millas por hora, lo que haría de la tormenta un huracán de Categoría 5, el tipo más peligroso y destructivo.

Los edificios a lo largo de la Costa del Golfo fueron los primeros en derrumbarse. Con vientos tan fuertes, los trozos de tejado y los tablones se transformaban en misiles. Hasta los postes de teléfono volaban por el aire. Nadie estaba a salvo de los objetos que el viento hacía volar.

Detente Piensa Escribe VOCABULARIO

Describe dos maneras en que la gente de Galveston estaba en riesgo.

Los daños

Una montaña de escombros se formó junto a la playa. Empujados por los vientos y el agua, los desechos se desplazaban de una parte a otra de la isla. Cuanto más se desplazaban, más crecía la montaña. Como un gigantesco arrasó la mayor parte de Galveston.

El lado de la isla que daba al Golfo de México fue el que más sufrió. Ni las casas más sólidas de esa zona pudieron soportar la fuerza de los vientos y el agua. Una a una, iban cayendo.

Familias aterradas salían flotando con sus casas. La gente se agarraba a las puertas, a las paredes y a los techos. En la lluvia y la oscuridad, no podían ni ver dónde estaban. Sus vecindarios estaban destruidos. Galveston era ahora parte del Golfo de México.

Por fin, en algún momento de la noche, los vientos **remitieron**. Lentamente, el agua fue regresando al mar.

Escombros y casas dañadas después de un huracán

Detente Piensa Escribe

VOCABULARIO

¿Cómo crees que se sintieron los supervivientes cuando los vientos finalmente remitieron?

Consecuencias

Al día siguiente, cuando salió el sol, los supervivientes no podían creer lo que estaban viendo. El huracán había destruido 3,600 edificios. Una enmarañada masa de tablas rotas, muebles y efectos personales cubría la mayor parte de la isla.

El fatal huracán había costado la vida de 7,000 personas, lo que lo convertía en el mayor desastre natural que golpeara Estados Unidos.

En los años que siguieron, los habitantes de Galveston reconstruyeron su ciudad. Pronto hubo nuevas vías de ferrocarril, salas de concierto y hoteles de lujo. Sin embargo, el mayor orgullo de Galveston fue su flamante espigón de diecisiete pies.

Desde 1900, el espigón ha protegido a la ciudad de muchos huracanes. Además, la tecnología moderna permite ahora observar la dirección de las tormentas con mayor precisión, lo que permite los científicos alertar a las ciudades sobre un huracán con varios días de antelación. Los avisos de tormenta dan tiempo a la gente a refugiarse en lugares seguros, haciendo improbable que de aquí en adelante Galveston vuelva a sufrir pérdidas tan tremendas a causa de un huracán.

Detente Piensa Escribe IDEA PRINCIPAL Y DETALLES

Después del huracán de 1900, ¿qué hizo la gente de Galveston para proteger su ciudad de futuras tormentas?

____

____

____

Vuelve a leer y responde

1. **Piensa en el título de este artículo. ¿Qué indica acerca del huracán de Galveston?**

   Pista: Busca pistas en las páginas 298, 299 y 300.

2. **¿Cómo ayuda la fotografía de la página 299 a comprender los efectos de un huracán?**

   Pista: ¿Qué se ve en la fotografía?

3. **¿Cómo crees que habrá sido el trabajo de reconstrucción de Galveston después del huracán: fácil, difícil, o muy difícil? Explica tu respuesta.**

   Pista: Busca pistas en la página 300.

4. **¿Cómo puede la gente en la actualidad prepararse para un huracán mucho mejor que en 1900?**

   Pista: Busca pistas en las páginas 296 y 300.

Estrategia de resumir

Cuando **resumes**, vuelves a contar brevemente las ideas importantes de un texto.

- Usa tus propias palabras.
- Organiza las ideas en un orden que tenga sentido.
- No cambies el significado del texto.
- Haz tu resumen corto. Usa solo unas cuantas oraciones.

Cuando **parafraseas**, repites las palabras del autor de una manera nueva. Una paráfrasis puede tener la misma extensión que el texto original.

- Usa sinónimos.
- Cambia el orden de las palabras en una oración.
- Combina oraciones. Une las ideas relacionadas.

Estrategia de analizar/ evaluar

Puedes **analizar y evaluar** un texto. Estudia el texto cuidadosamente. Luego opina sobre el mismo.

1. Analiza el texto. Mira las ideas. Piensa en lo que te dice el autor.
   - ¿Qué hechos y detalles son importantes?
   - ¿Cómo están organizadas las ideas?
   - ¿Qué quiere el autor que tú sepas?

2. Evalúa el texto. Decide lo que es importante. Luego da tu opinión.
   - ¿Qué piensas sobre lo que has leído?
   - ¿Estás de acuerdo con las ideas del autor?
   - ¿Consiguió el autor alcanzar sus objetivos?

Estrategia de inferir/ predecir

Puedes hacer una **inferencia**. Averigua lo que el autor no te dice en el texto.

- Piensa en las pistas del texto.
- Piensa en lo que ya sabes.

Puedes hacer una **predicción**. Usa pistas del texto para averiguar lo que pasará después.

Estrategia de verificar/ aclarar

Puedes **verificar** lo que lees. Presta atención a cuánto entiendes del texto.

Si has leído una parte que no tiene sentido, busca una manera de **aclararla**. Aclara lo que no entiendes.

- Usa lo que ya sabes.
- Vuelve a leer o sigue leyendo. Busca pistas en el texto.
- Lee más despacio.
- Haz preguntas sobre el texto.

Estrategia de hacerse preguntas

Hazte **preguntas** antes, durante y después de tu lectura. Busca las respuestas.

Algunas preguntas que te puedes hacer:

- ¿Qué quiere decir el autor aquí?
- ¿Sobre qué o quién es este texto?
- ¿Por qué sucedió esto?
- ¿Cuál es la idea principal?
- ¿Cómo funciona esto?

Estrategia de visualizar

Puedes **visualizar** mientras lees. Usa los detalles del texto para crear imágenes mentales.

- Usa las palabras del autor y tu propio conocimiento como ayuda.
- Crea imágenes mentales de gente, lugares, cosas, acciones e ideas.

CRÉDITOS FOTOGRÁFICOS

12 © Getty Images/PhotoDisc. 16 © PhotoDisc, Inc. 21 (t) © Digital Stock. 21 (b) © Getty Images/PhotoDisc. 22 (b) © Corbis. 23 © Ingram. 32 (t) © Brand X Pictures. 33 (border) © Getty Images/PhotoDisc. 42 © Corel Stock Photo Library. 43 © Getty Images Royalty Free. 52 (l) © Getty Images/PhotoDisc. 52 (cl) © PhotoDisc, Inc. 52 (cr) © PhotoDisc, Inc. 52 (r) © Getty Images/PhotoDisc. 53 (l) © Digital Stock. 53 (cl) © Getty Images/PhotoDisc. 53 (cr) © Getty Images/PhotoDisc. 53 (r) © PhotoDisc, Inc. 54 (t) © Image Club Graphics. 54-55 (b) © Shutterstock. 55 (t) © Getty Images/PhotoDisc. 56-57 (border) © Getty Images . 58 (t) © Artville/Getty Images. 58 (c) © PhotoDisc, Inc. 58-59 (b) © Shutterstock. 59 (t) © Getty Images/PhotoDisc. 59 (c) © PhotoDisc, Inc. 60 (t) © Shutterstock. 60 (c) © Stockbyte/Getty Images. 60 (b) © Shutterstock. 62 © Corel Stock Photo Library-royalty free. 63 © Corel Stock Photo Library-royalty free. 65 © Corel Stock Photo Library-royalty free. 66 © Corel Stock Photo Library-royalty free. 72 (l) © PhotoDisc-royalty free. 72 (r) © Getty Images/PhotoDisc. 73 (t) © PhotoDisc, Inc. 73 (b) © PhotoDisc-royalty free. 74 (tl) © PhotoDisc, Inc. 74 (tr) © Getty Images/PhotoDisc. 76 (tr) © Getty Images/PhotoDisc. 76 (tl) © PhotoDisc/Getty Images. 76 (c) © Corel Stock Photo Library. 76 (bl) © Getty Images/PhotoDisc. 76 (br) © Ingram. 77 (t) © PhotoDisc, Inc. 77 (c) © Getty Images/PhotoDisc. 77 (b) © Getty Images Royalty Free. 78 © Getty Images/PhotoDisc. 80 (r) © PhotoDisc, Inc. 82 © Corbis. 83 © Corel Stock Photo Library-royalty free. 84 © Corbis. 84-85 (t) © Corel Stock Photo Library-royalty free. 84-90 (bkgd) © Corbis. 85 © Corbis. 86 (tl) © Corbis. 86 (tc) © Getty Images/PhotoDisc. 86 (tr) © Corbis. 87 © Corbis. 88 (tl, tr) © Getty Images/DAJ. 88 (paper) © Getty Images/PhotoDisc. 88 (tc) © Corbis. 88-89 (t) © Corbis. 89 (tc) © Getty Images/DAJ. 89 (paper) © Getty Images/PhotoDisc. 89 (tr) © Corbis. 90 (tl) © Corel Stock Photo Library-royalty free. 90 © Corbis. 91 © Corbis. 92 © Corel Stock Photo Library-royalty free. 93 © Corel Stock Photo Library-royalty free. 94 (bkgd) © Getty Images/PhotoDisc. 95-99 (border) © Getty Images/PhotoDisc. 100 (bkgd) © Getty Images/PhotoDisc. 100 (t) © Corel Stock Photo Library-royalty free. 100 (b) © Corel Stock Photo Library-royalty free. 102 (t) © PhotoLink. 102 (b) © Getty Images/PhotoDisc. 103 © Corel Stock Photo Library-royalty free. 112 (t) © Corbis. 112 (b) © Jose Fuste Raga/Zefa/Corbis. 113 © Corbis. 114-120 Corbis. 122 © Corbis. 123 © Corbis. 124 © Corel Stock Photo Library-royalty free. 125 (tl) © Artville/Getty Images. 125 (b) © Stockbyte/Getty Images. 126 (tl) © Corel Stock Photo Library-royalty free. 126 (tr) © Corbis. 126 (c) © Getty Images/PhotoDisc. 126 (b) © Stockdisk/Getty Images. 127 (tl) © Corel Stock Photo Library-royalty free. 127 (tr) © Corbis. 127 (c) © Stockdisk/Getty Images. 128 (t) © Corbis. 128 (c) © Corel Stock Photo Library-royalty free. 128 (b) © Corbis. 129 (t) © Corbis. 129 (c) © Artville. 129 (flag) © Stockbyte/Getty Images. 129 (bl) © Corbis. 129 (br) © Corbis. 130 (cl) © Corel Stock Photo Library-royalty free. 130 (cr) © Image Club Graphics. 130 (b) © PhotoDisc, Inc. 131 © Corbis. 132 © Getty Images/PhotoDisc. 133 (t) © Corbis. 133 (b) © Getty Images/PhotoDisc. 134 © Corbis. 135 © Corbis. 136 (t) © Artville. 136 (pencils) © Getty Images/PhotoDisc. 136 (paint tube) © PhotoDisc-royalty free. 137 (border) © Corbis. 138 (t) © Artville. 138 (pencils) © Getty Images/PhotoDisc. 138 (paint tube) © PhotoDisc-royalty free. 139 (border) © Corbis. 140 (t) © Artville. 140 (pencils) © Getty Images/PhotoDisc. 140 (paint tube) © PhotoDisc-royalty free. 140 (ribbon) © PhotoDisc, Inc. 142 (t) © StockTrek. 142 (b) © Corbis. 143 © StockTrek. 144 (t) © Corel Stock Photo Library-royalty free. 144 (b) © Getty Images/PhotoDisc. 145 © Corbis. 146 (t) © Corel Stock Photo Library-royalty free. 146 (b) © StockTrek. 148 © Corel Stock Photo Library-royalty free. 150 © StockTrek. 151 © Corel Stock Photo Library-royalty free. 152 © Corel Stock Photo Library-royalty free. 153 (t) © Stockbyte/Getty Images. 153 (b) © Getty Images/MedioImages. 154-160 (bkgd) © Corel Stock Photo Library-royalty free. 154 © Getty Images/PhotoDisc. 155 (t) © Getty Images/PhotoDisc. 155 (c) © Getty Images/MedioImages. 156 © Getty Images/PhotoDisc. 158 © Corel Stock Photo Library-royalty free. 159 © Corel Stock Photo Library-royalty free. 161 © Getty Images/PhotoDisc. 164 (b) © Digital Vision/Getty Images. 165 (t) © Digital Vision/Getty Images. 166 (b) © Getty Images/PhotoDisc. 168 © Getty Images/PhotoDisc. 169 © Getty Images/PhotoDisc. 170 (t) © Corel Stock Photo Library-royalty free. 170 (b) © Corbis. 171 © Getty Images/PhotoDisc. 172 © Corel Stock Photo Library-royalty free. 173 © Cre8tive Studios/Alamy. 175-180 (border) © Corel Stock Photo Library-royalty free. 176 © Corel Stock Photo Library-royalty free. 180 © Getty Images/MedioImages. 182 © Getty Images/PhotoDisc. 183 (t) © Ingram. 183 (c) © Getty Images/MedioImages. 183 (b) © PhotoDisc, Inc. 185 (bkgd) © Shutterstock. 222 © Corbis. 223 © Corbis. 232 © Getty Images/PhotoDisc. 233 (t) © Corbis. 234 (t) © Getty Images/PhotoDisc. 234 © Corbis. 235 (l) © Getty Images/PhotoDisc. 235 © Corbis. 236 © Corbis. 237 © Getty Images/PhotoDisc. 238 © Cortesía de The Library of Congress. 239 © Cortesía de The Library of Congress. 240 (t) © PhotoDisc, Inc. 240 (b) © Cortesía de The Library of Congress. 241 © Cortesía de The Library of Congress. 242 (t) © Corbis. 243 © Corbis. 244 © Artville. 245 (t) © Getty Images/PhotoDisc. 245 (b) © Artville.

246 (tc) © Shutterstock. 246 (screen inset) © Corbis. 246 (tr) © Getty Images/PhotoDisc. 246 (c) © Artville. 246 (soccerball) © PhotoDisc, Inc. 247 (tl) © Getty Images/PhotoDisc. 247 (tc) © Stockbyte/Getty Images. 247 (tr) © Brand X Pictures. 247 (cables) © PhotoDisc, Inc. 247 (b) © Getty Images/PhotoDisc. 249 (b) © Corbis. 250 (t) © Getty Images/PhotoDisc. 250 (c) © PhotoDisc, Inc. 252 © NASA. 253 © Stockbyte/Getty Images. 254-258 © NASA. 259 (bl) © NASA. 259 (bcl) © Stockbyte/Getty Images. 259 (bcr) © Corel Stock Photo Library-royalty free. 259 (br) © NASA. 259 (t) © Masterfile Royalty Free. 259 (c) © NASA. 260 (t) © NASA. 260 (bl) © Corel Stock Photo Library-royalty free. 260 (bcl) © Corel Stock Photo Library-royalty free. 260 (bcr) © Masterfile Royalty Free. 260 (br) © NASA. 261 © NASA. 263 (t) © PhotoDisc/Superstock. 263 (b) © Comstock. 264 (t) © Getty Images/PhotoDisc. 264 (b) © Corel Stock Photo Library-royalty free. 265 (t) © Corbis. 265 (inset) © Brand X Pictures. 265 (b) © Corel Stock Photo Library-royalty free. 266 © Corbis. 268 (t) © PhotoDisc, Inc. 268 (inset) © Brand X Pictures. 269 © Corbis RF. 270 © Getty Images/PhotoDisc. 271 © Corbis. 272 (t) © PhotoDisc, Inc. 273 © Stockbyte/ Getty Images. 274 (t) © Stockbyte/Getty Images. 275 © Stockbyte/Getty Images. 275 (c) © Artville/Getty Images. 276 (tl) © Image Club Graphics. 276 © Stockbyte/Getty Images. 277 (t) © Stockbyte/Getty Images. 277 (b) © Brand X/Punchstock. 278 © Stockbyte/Getty Images. 278 (b) © Comstock. 279 (t) © Stockbyte/Getty Images. 279 (bl) © Stockbyte/ Getty Images. 280 © Stockbyte/Getty Images. 280 (b) © Getty Images/PhotoDisc. 281 © Stockbyte/ Getty Images. 282 © Getty Images/PhotoDisc. 283 (t) © Corel Stock Photo Library-royalty free. 284 (t) © Corbis. 284 (c) © Getty Images/Digital Vision. 284 (b) © Getty Images/Digital Vision. 285 © PhotoDisc-royalty free. 286 (l) © Corel Stock Photo Library-royalty free. 286 (r) © Getty Images/PhotoDisc. 287 © Corel Stock Photo Library-royalty free. 288 © Corel Stock Photo Library-royalty free. 289 (t) © Corel Stock Photo Library-royalty free. 289 (b) © Corbis. 290 © Corel Stock Photo Library-royalty free. 291 © Brand X Pictures. 292 © Getty Images/ PhotoDisc. 293 © Getty Images/PhotoDisc. 294 (c) © Shutterstock. 294 (ticket) © PhotoDisc, Inc. 294 (b) © Getty Images/PhotoDisc. 295 (t) © Getty Images/ PhotoDisc. 295 (b) © Royalty-Free/Corbis. 296 © Digital Stock. 298 © Corbis. 299 © PhotoDisc, Inc. 300 © PhotoDisc, Inc. 301 © PhotoDisc, Inc. Todas las deniós inágenes son propiedad of HMH Publishers.

Mapas: 164 (t) © MapQuest.